역사를 움직인
프레젠테이션

REKISHI O UGOKASHITA PUREZEN
by HAYASHI Yasuhiko
Copyright © 2010 HAYASHI Yasuhiko
All rights reserved.
Originally published in Japan by SHINCHOSHA Publishing Co., Ltd., Tokyo.
Korean translation rights arranged with SHINCHOSHA Publishing Co., Ltd., Japan
through THE SAKAI AGENCY and EntersKorea Co., Ltd.

이 책의 한국어판 저작권은 (주)엔터스코리아를 통해 저작권자와 독점 계약한 작은씨앗 출판사에 있습니다.
신 저작권법에 의하여 한국 내에서 보호를 받는 저작물이므로 무단전재와 복제를 금합니다.

역사를 움직인
프레젠테이션

하야시 야스히코 지음
홍성민 옮김

역사를 움직인
프레젠테이션

지은이 | 하야시 야스히코
옮긴이 | 홍성민
초판 1쇄 발행 | 2012년 9월 12일

발행처 | 도서출판 작은씨앗
공급처 | 도서출판 보보스
발행인 | 김경용
기획편집 | 이재두
외부 기획스태프 | 홍성민
본문디자인 | 파피루스

등록번호 | 제300-2004-187호 등록일자 2003년 6월 24일
주소 | 서울시 서초구 서초동 1355-17 서초대우디오빌 1008호
전화 | (02)333-3773 | 팩스 (02)735-3779
이메일 | ky5275@hanmail.net

ISBN 978-89-6423-146-3 13320

값은 뒤표지에 있습니다.
잘못된 책은 구입하신 서점에서 바꾸어 드립니다.

이 도서의 국립중앙도서관 출판시도서목록(CIP)은 e-CIP홈페이지(http://www.nl.go.kr/ecip)와
국가자료공동목록시스템(http://www.nl.go.kr/kolisnet)에서 이용하실 수 있습니다. (CIP제어번호:CIP2012003667)

남을 설득하려고 할 때는 자기 자신이 먼저 감동하고,
자신을 설득하는 데서부터 시작해야 한다.

토머스 칼라일

프롤로그

마음을 움직이는 프레젠테이션, 역사에서 한 수 배우다!

말로 사람을 움직이기란 말처럼 쉬운 일은 아니다. 나도 다른 누군가의 말에 선뜻 마음이 움직인 적은 많지 않았다. 예전에 다니던 광고회사에서 한 번은 이런 일이 있었다.

"3억 원의 실적만 있으면 회사에서 골프 회원권을 받을 수 있어요. 그러니 저한테 일을 주세요!"

당시 광고방송 제작회사의 한 프로듀서가 내게 했던 말이다. 그와는 서로 안면은 있지만 한 번도 같이 일한 적은 없는 사이였다. 나는 그의 말에 약간의 당혹감을 느꼈다. 회원권을 받으면 골프 접대를 하겠다는 의미일 수도 있지만 사실 그때 이미 나는 골프를 그만둔 지

벌써 여러 해째였다. 따라서 그가 실적을 올려 골프 회원권을 받는다 해도 내겐 아무 소용도 없었다.

순간, 내 머릿속에 여러 가지 생각들이 지나갔다. '평소라면 절대 입에 담지 않을 개인 성과에 대한 인센티브 조건까지 털어놓는 솔직한 인간임을 어필하여 내 마음을 움직이려는 전략일까? 아니면, 조금만 더 노력하면 회사에서 골프 회원권을 받을 수 있을 만큼 자신이 유능한 직원임을 어필하려는 울트라 변화구일까?' 환하게 웃는 그의 얼굴 너머에 다른 속셈은 없어 보였다. 그저 자신에게 이익이 되니 일의 발주를 부탁합니다, 하는 지나치게 솔직하고 조금은 당혹스런 '영업' 방법이었던 것 같다.

자신에게 이익이 된다는 말로 상대를 움직일 수는 없다. 그의 말은 채소 장수가 "이 무를 사 주시면 내가 돈을 법니다. 그러니까 당장 사 주세요."라고 말하는 것과 별반 다르지 않다. 이래서는 선뜻 그에게서 무를 사 갈 손님이 있을 리가 없다. 제대로 된 채소 장수라면 자신의 이익을 내세우지 않고 고객의 이익을 최대한 어필하려고 노력할 것이다.

"이 무, 이 값에 팔면 완전 밑지지만…… 에잇, 기분이다. 가져가세요!"

이런 식으로 자신의 채소를 사는 것이 손님에게 이익이라는 점을 확실하게 보여 주는 것이다. 그 외에 "이 무가 얼마나 맛있는지 모른다.", "유기농이라 몸에 정말 좋다." 하는 식의 유익한 정보를 제공

함으로써 고객의 구매욕을 불러일으킨다. 이렇듯 상대의 이익을 이야기할 때 비로소 '설득' 단계에 들어서게 된다. 설득한다는 것은 다른 말로 하면 상대가 '나와 같은 마음이 들게' 만드는 것이다. 씨름이나 스모 같은 스포츠에서 상대가 나와 같은 모래판에 오르지 않고서는 경기 자체가 이루어지지 않듯 내가 설득하고자 하는 상대가 나와 같은 기분이 되고 그럴 마음이 들게 만들지 않고는 제대로 된 설득이 이루어질 수 없다.

상대가 나와 같은 기분이 되고 그럴 마음이 들게 만드는 것은 사실 말처럼 결코 녹록한 일이 아니다. 이렇게, 상대의 마음을 움직여서 그럴 기분이 들게 만드는 설명이나 제안을 현대 비즈니스 사회에서는 프레젠테이션이라고 부른다. 이것은 본래 미국의 광고업계에서 생겨난 말로, 광고회사가 자사의 고객인 기업을 대상으로 광고 계획을 제안하는 일을 지칭했다. 그러던 것이 1950년대에 이르러 마케팅 용어와 함께 일본에 건너왔다고 한다.

지금은 광고업계뿐 아니라 인간사회 전반에서 매우 폭넓게, 그리고 일반적인 개념으로 이 말이 사용되게 되었다. 각 나라들이 올림픽을 유치하기 위해 치열한 경쟁을 벌일 때면 '프레젠테이션의 완성도'에 대해 반드시 언급하고, 재판원 제도우리의 국민 참여 재판에 해당 — 옮긴이에서는 실제 재판 모습을 매스컴이 대대적으로 보도하면서 '검사와 변호사의 프레젠테이션 전투'라는 자극적인 표현을 쓰기도 한다. 또한 매니페스토구체적인 예산과 추진 일정을 갖춘 선거 공약 — 옮긴이 선거의 경우, 유권자를 상대로 한 각 정당의 경합 프레젠테이션의 형태를 띠게 되는 경우도 많다.

이렇듯 매일 매일의 생활 속에서 프레젠테이션은 우리에게 상당히 친근한 용어로 자리 잡았다. 거래처에 자기 회사에서 만든 신상품을 파는 것도 따지고 보면 넓은 의미의 프레젠테이션의 영역에 속한다. 취업을 위해 잡 인터뷰 할 때 면접관 앞에서 자신의 강점에 대해 어필하는 것 또한 프레젠테이션이라 할 수 있다.

그렇다면 프레젠테이션이란 구체적으로 무엇일까? 사람들 앞에서 무언가를 말하거나, 무엇인가에 대해 발표하거나 제안하는 일? 대부분 그렇게 이해하고 있을 것이다. 물론 그런 것들도 프레젠테이션의 일부 요소이기는 하지만 여기에는 정작 가장 중요한 것이 빠져 있다.

프레젠테이션에서 말이 끝난 시점이 그 완결을 의미하지는 않는다. 프레젠테이션은 실제로 상대를 움직인다는 목적에 따라 활발하게 이루어지는 매우 적극적인 형태의 커뮤니케이션이다. 따라서 상대가 마음을 움직여 프레젠테이터가 기대하는 방향으로 행동해 줄 때 비로소 프레젠테이션은 완성되는 것이다. 사람은 어떤 상황에서 마음이 움직이는가? 광고회사에서 전설처럼 전해 내려오는 예를 두 가지 들어보겠다.

전설 1. 가업으로 내려오는 화과자 일본의 전통과자 회사의 회의실에는 회장 이하 모든 임원들이 모여 있었다. 회의실에서는 이 회사의 주요 상품에 대한 광고 건을 놓고 최종 심사에 오른 잘 나가는 광고회사 세 곳이 치열하게 프레젠테이션 경합을 벌이고 있다. 1번 타자는 스태프를 전원 새로 교체한 H사. 이 회사의 크리에이티브 디렉터가 먼저 입을 열었다.

"귀사의 화과자에 대한 저희 쪽 프레젠테이션을 시작하겠습니다!"

"주제는?"

회장이 의자에 붙이고 앉아 있던 상체를 앞으로 바짝 끌어당기며 물었다.

"주제는 …앙案(餡)이 좋다!" – 안건이라는 뜻의 '案'과 화과자 안에 들어가는 소餡의 발음이 '앙'으로 똑같다. 광고회사의 안건도 좋고, 화과자 속에 들어가는 소도 좋다는 의미

그 순간 회장은 무릎을 치며 이렇게 소리쳤다.

"당신네 회사로 정하겠소!"

아직 첫 번째 안에 대한 설명도 채 끝내지 않았는데 담당 광고회사가 정해지고 말았다. 그 바람에 다른 방에서 자기 차례를 기다리던 경쟁사들은 회의실에 들어가 보지도 못했다고 한다.

전설 2. 번뜩이는 아이디어로 무장한 어느 광고 플래너가 선술집에서 친구들과 술을 마시다가 불현듯 가게의 젓가락 봉투에 낙서하듯 CM 스토리그림 콘티를 그렸다. 다음 날 아침, 그는 대기업 가전회사의 홍보 과장을 찾아갔다.

"갑자기 이런 아이디어가 떠올랐는데, 한번 해 보시지 않겠습니까?"

"오, 재밌는데……. 좋아요. 해 봅시다!"

"기획서, 필요하십니까?"

"그런 것 필요 없어요. 이것만으로도 충분합니다."

잘 만들어진 이미지 영상을 보여 주거나 파워포인트를 사용한 프레젠테이션도 없이 자신이 젓가락 봉투에 그린 그림만 가지고 조곤조곤 설명해 제작비와 방송 광고료를 합해 무려 수십 억 원에 달하는 엄청난 프로젝트를 따낸 대단한 고수가 일본 광고업계에 있었던 것이다. 물론 그가 게을러서 젓가락 봉투에 그린 그림으로 프레젠테이션을 한 것은 아니었다. 그 봉투에 그려진 단순한 그림만 보고도 전체 플랜의 완성도와 매력도를 한눈에 간파하고 그것을 바탕으로 결정권을 가진 사내의 주요 인사들에게 사전 물밑 작업을 펼 수 있을 정도로 대단한 안목과 역량을 가진 인물이 그 회사에 있었기 때문에 성공적인 '젓가락 봉투 프레젠테이션'이 가능했던 것이다. 플래너 역시 자신의 기획 내용에 대해 어지간한 자신감이 없었다면 젓가락 봉투 하나만으로 프레젠테이션 할 엄두조차 내지 못했을 것이다.

위의 사례들에서는 상대에게 이익이 되는 점에 집중해서 공략하는 방식의 설득이 없다. 그럼에도 불구하고 상대는 움직였고, 기획안은 실행에 옮겨졌다. 설득이 필요한 상황은 제안한 프레젠테이션이 받아들여지지 않았을 때다.

"됐습니다. 다른 사람 말은 더 들어볼 필요도 없어요. 내가 원했던 것이 바로 그겁니다!" 하고 자신에게 어떤 이익이 돌아올지에 대한 확신이 생길 때 사람은 움직일 수밖에 없고 그 아이디어를 실현하기 위해 필요한 다음 행동으로 나아가게 된다. 그렇다. 사람은 단순히 머리를 끄덕이게 하는 설득 정도만으로는 행동으로 이어지지 않는다. 상대와 같은 기분이 되고, 마음이 움직여야 그때 비로소 실천이 뒤따른다.

많은 사람이 참가하는 회의에서도 마찬가지다. 핵심인사들은 단순한 설득만으로는 쉽사리 움직이지 않는다. 최근에는 많은 기업들에서 파워포인트를 사용하는 프레젠테이션이 주류를 이루고 있지만, 광고회사의 제작 쪽 프레젠테이션만은 지금도 여전히 A3 용지의 기획서가 기본이다. 여백이 넉넉한 용지에 큼직한 글자로 쓴 기획서 서너 장, 거기에 구체적인 광고 플랜이 네댓 개 들어가는 것이 보통이다. 그 이유는 종이를 사용한 프레젠테이션이 성공률이 높다는 것을 이 분야에서 오래 일한 사람이라면 경험으로 알기 때문이다.

파워포인트는 많은 사람 앞에서 강의 형식의 설득을 할 때는 적합하지만 중요인물을 상대로 프레젠테이션 하여 그의 마음을 움직여야 할 때는 적합한 도구가 되지 못한다. 프레젠테이션에 관한 책을 읽다 보면 뜬금없이 파워포인트 사용법을 소개하는 내용이 나오는 경우가 있는데, 그런 책은 오히려 효율성을 떨어뜨리고 프레젠테이션의 본

질마저 오해하게 만들 수 있다.

　아무튼 최근에 우리는 프레젠테이션이란 용어를 일상생활에서도 자주 듣게 되었는데, 광고회사에 근무하는 사람으로서는 "그건 프레젠테이션이 아니라 그냥 발표죠." 하고 따지고 싶은 상황이 자주 일어난다. 사람들 앞에서 이야기하면 무엇이든 프레젠테이션이라는 시대에 '이것이야말로 프레젠테이션의 표본!'이라고 할 만한 강력하고 매력적인 프레젠테이션 사례를 소개하고 싶었다.

　이 책에는 콜럼버스와 쿠베르탱을 비롯한 역사를 뒤바꿔 놓을 정도로 대단한 일을 해낸 유명인들이 등장하지만 이 책의 진짜 주인공은 그들이 아니다. 그럼 누구냐고? 그들이 펼치는 '프레젠테이션'이 바로 이 책의 주인공이다.

　그 프레젠테이션들은 어떻게 성공했을까? 즉, 그들은 어떻게 상대를 이해시키고 움직이게 만들었을까? 나의 관심과 흥미는 거기에 있었다. 편하게 읽을 수 있는 스토리 형식을 취하고 있지만, 프레젠테이션의 달인이 되기 위한 구체적인 조언도 이 책에는 들어 있다.

　당신 앞에 있는 사람이 단지 고개만 끄덕이고 마는 것이 아니라 당신과 비슷한 기분이 되고 마음이 움직여 행동과 실천으로 나아가게 하는 진짜 살아 있는 프레젠테이션 기술을 배우고 싶은가? 그렇다면 이 책을 읽어라! 탁월한 프레젠테이션 기술로 왕과 학자와 유력 정치인들의 마음을 사로잡아 궁극적으로 역사의 흐름까지도 바꿔 놓은 탁월한 프레젠테이터들에게 한 수 배워라!

차례

프롤로그
마음을 움직이는 프레젠테이션, 역사에서 한 수 배우다! • 6

PART 1
콜럼버스의 신대륙 발견 프레젠테이션

콜럼버스가 등장하는 시대 배경 • 26
- 사방에서 금이 발견되는 '황금의 나라' 지팡구
- 포르투갈과 스페인 국왕을 상대로 '국가사업'을 프레젠테이션 한 이탈리아 뱃사람

포르투갈 국왕을 상대로 한 프레젠테이션 • 30
- 모험가보다는 탁월한 '플래너'
- 콜럼버스가 대항해의 꿈을 키운 장소
- 통하는 기획, 사람을 움직이는 프레젠테이션
- 포르투갈에서 한 프레젠테이션이 실패한 이유

이사벨 여왕, 콜럼버스의 프레젠테이션에 매혹되다 • 41
- 불행 뒤에 연이어 찾아온 행운
- 35세 동갑내기 이사벨 여왕과의 운명적인 만남
- 학자를 능가하는 지리 지식을 갖추다
- '아라비아 마일' 대신 '이탈리아 마일'로 계산한 이유
- 여왕에게 상상을 초월하는 성공 보수를 요구하다

‘팔리는 기획'의 진수를 보여 준 타고난 세일즈맨 • 58
- 지팡구가 2,400해리 끝 지점에 있어야만 하는 이유
- '팔리는 기획'의 진수를 보여 주다
- "콜럼버스 씨, 어쩌죠? 지팡구에 간다는 엄청난 일을 맡아 버렸으니……."

행운까지도 기획하는 위대한 플래너 • 65
- 우연이나 행운까지도 기획하고 연출하는 플래너
- 유대교에서 가톨릭교로 개종한 신흥세력이 콜럼버스를 지지한 이유
- 오만하고? 무례하고? 제멋대로?

불가능, 그것은 아무것도 아니다! • 74
- 다시 포르투갈 국왕에게 프레젠테이션을
- 대서양 항해를 '팔리는 기획'으로 만든 것은 콜럼버스뿐

PART 2
쿠베르탱의 올림픽 부활 프레젠테이션

스포츠 보급을 통해 교육 개혁을 꾀한 쿠베르탱 • 84
- 불운한 시대의 귀족으로 태어난 쿠베르탱
- 영국 시스템에서 프랑스 교육 개혁의 실마리를 발견하다
- 스포츠 보급 운동에 비협조적인 학교 교장을 한 방 먹이다
- 쿠베르탱에게 영감을 불어넣어 준 올림피아 유적 발굴과 고대 그리스 붐
- 영국인 의사 윌리엄 페니 브룩스가 개최한 웬록 올림픽 대회

박수갈채를 받고도 참패한 제1차 프레젠테이션 • 102
- '2살배기' 어린아이를 '5살배기'로 바꿔치기하다
- 제1차 프레젠테이션의 실패 원인

실패를 지렛대 삼아 멋지게 성공한 제2차 프레젠테이션 • 112
- 새로운 기회는 기다리는 것이 아니라 만드는 것
- 올림픽 부활을 위한 3가지 프레젠테이션 옵션
- 대담하고 독창적인 아이디어들
- 음악 프레젠테이션으로 승부하다
- 프레젠테이션의 목표는 '유혹'이다

PART 3
히데요시의 천하 제패 프레젠테이션

혼노지의 변에서 기요스 회의까지 • 131
- 히데요시, 라이벌 가쓰이에의 허를 찌르다
- 유력한 노부나가의 후계자 후보들
- 영향력 있는 가신 그룹

가쓰이에의 프레젠테이션 • 145
- 측실의 자식 노부타카를 후계자로 추천한 이유
- '천하인'의 개념을 들고 나온 까닭은?
- 가쓰이에의 프레젠테이션 분석

의외의 '산보시 안'으로 헤게모니를 장악한 히데요시 • 153
- 3살배기 산보시를 후계자로 추천하다
- 히데요시의 프레젠테이션 분석
- 산보시 안을 제안한 히데요시의 노림수는?

가쓰이에가 이렇게 프레젠테이션 했더라면 • 163
- 가쓰이에를 위한 뼈아픈 조언
- 누가 프레젠테이션 하는가가 중요하다

만회를 노린 가쓰이에 vs. 대량 득점을 노린 히데요시 • 171
- 히데요시가 '장난감 인형'을 만든 이유
- 가신들의 후일담

PART 4
고다유의 고국 귀환 프레젠테이션

표류, 그리고 페테르부르크로 • 188
- 표류, 그리고 외딴 섬에서의 4년
- 캄차카 반도에서 — 호기심 많은 수다쟁이 고다유
- 이르쿠츠크에서 두 달간 노숙 생활
- 박물학자 키릴 락스만과의 운명적인 만남
- 예카테리나 여제를 알현하기 위해 페테르부르크로

문서 프레젠테이션 • 204
- "동정심만으로 배를 내줄 순 없어요!"
- 상무장관에게 제출된 탄원서와 상신서
- 제3의 프레젠테이션 문서
- 프레젠테이션 문서 세부 분석
- 상대를 움직이는 힘

여황제 예카테리나 2세를 알현하다 • 218
- "꼭 돌아가고 싶은가?"

불가능한 귀국을 가능하게 만든 타고난 자질 • 221
- 넘치는 호기심의 소유자, 그리고 대단한 메모광
- "고다유를 좀 빌려 줘요!"

귀국, 그리고 그 후의 고다유 • 228
- 마침내 고국으로 — 융통성 없는 조국
- 만년의 고다유 — 러시아의 첩자로 끊임없이 의심받다

에필로그
역사와 비즈니스를 종횡무진 넘나들며 통찰력을 전수받다! • 237

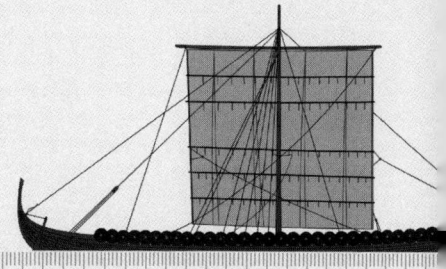

"대서양을 서쪽으로 항해하면 섬이나 육지를
발견하게 될 거라는 이야기는 당시만 해도
그다지 독특한 발상은 아니었어. 그걸 실행에 옮겨 보려던
사람은 콜럼버스 외에도 여러 명 있었지."
순간, 나는 의아한 생각이 들었다. 독특한 발상이 아니었고,
더구나 실제로 시도해 본 사람도 여러 명 있었는데
어떻게 콜럼버스만 항해에 성공할 수 있었지?
그리고 스페인의 이사벨 여왕은 왜 다른 사람 아닌
콜럼버스에게만(더구나 그는 스페인 사람도 아닌데!)
막대한 자금을 투자할 마음이 생겼던 걸까?
'팔리는 기획', '사람의 마음을 움직이는 프레젠테이션'은
어떤 것일까 하는 문제를 놓고 심각한 고민에 빠져 있던 나는
운명처럼 콜럼버스를 만났다.

PART **1**

CHRISTOPHER COLUMBUS

콜럼버스의
신대륙 발견
프레젠테이션

Christopher Columbus

　내가 맨 처음 크리스토퍼 콜럼버스에 대해 관심을 갖게 된 것은 광고회사에서 CM 플래너로 일하던 때였다. 당시 동료에게서 우연히 전해들은 이야기가 발단이 된 것이다.

　"대서양을 서쪽으로 항해하면 섬이나 육지를 발견하게 될 거라는 이야기는 당시만 해도 그다지 독특한 발상은 아니었어. 그걸 실행에 옮겨 보려던 사람은 콜럼버스 외에도 여러 명 있었지."

　순간, 나는 의아한 생각이 들었다. 독특한 발상이 아니었고, 더구나 실제로 시도해 본 사람도 여러 명 있었는데 어떻게 콜럼버스만 항해에 성공할 수 있었지? 그리고 스페인의 이사벨 여왕은 왜 다른 사람 아닌 콜럼버스에게만 더구나 그는 스페인 사람도 아닌데! 막대한 자금을 투자할 마음이 생겼던 걸까?

광고 전략을 기획하고 고객인 기업에게 그것을 제안 및 실행하는 일을 일상 업무로 하고 있던 나는 갑자기 콜럼버스에 대해 여러 가지 의문이 들기 시작했다. 프로젝트의 규모가 클 때는 광고회사 네댓 곳이 그 프로젝트를 따내기 위해 동시에 프레젠테이션을 하는 것이 다반사이다. 이때 각 회사에서 보통 대여섯 가지 기획안을 제출하기 때문에 최소 스무 건이 넘는 안건들이 한꺼번에 무대에 오르게 된다. 그 가운데 1등을 제외하면 전부 꼴찌나 마찬가지다. 자칫하면 팀을 짜서 여러 날 밤을 새워 가며 피터지게 일한 것이 순식간에 물거품이 되어 버리기 십상인 것이다. 그러다 보니 '팔리는 기획', '통하는 프레젠테이션'은 어떤 것일까 고민하는 것이 자연스럽게 습관이 되어 버렸다. 그런 상황에서 기적과도 같이 콜럼버스를 만난 것이다.

이탈리아에서 태어난 콜럼버스가 스페인에서 펼친 프레젠테이션을 '아폴로 계획'에 비유하면 다음과 같이 말할 수 있다.

일본인인 내가 달에 가고 싶어 기획서를 작성한 뒤 미국 대통령을 상대로 프레젠테이션을 한다. 내가 요구하는 성공 보수는 달에서 거둬지는 총 수익의 10퍼센트를 받는 것이다. 달에서 나의 지위는 부통령이자 제독. 제독의 신분은 우리 하야시 가문 대대로 세습되도록 할 것······.

내 입으로 말하면서도 황당하다는 느낌이 들고 참 뻔뻔하다는 생각에 겸연쩍기 짝이 없는데, 아무튼 내가 부를 수 있는 만큼 부른 그 대담한 요구가 성공 보수로 인정되어 그대로 통과된다. 물론 여기에 소요되는 모든 자금은 미국이 부담한다. 나는 제독으로서 아폴로 우주선에 승선한다.

콜럼버스가 멋지게 성공을 거둔 프레젠테이션은 이 정도로 대단한 것이다. 나는 이 책에서 실제 그가 어떻게 항해했는지에 대한 자세한 내용과 역사적 공과에 대해서는 언급하지 않을 것이다. 내가 진정으로 관심이 있는 것은 '콜럼버스의 프레젠테이션'이다. 따라서 이 장에서 나는 그 기획이 도대체 어떤 것이었는지, 또 어떻게 그 기획안을 프레젠테이션 했기에 그토록 대단한 성공을 거둘 수 있었는지에 집중하여 살펴볼 것이다.

콜럼버스가 등장하는 시대 배경

사방에서 금이 발견되는 '황금의 나라' 지팡구

먼저 크리스토퍼 콜럼버스가 등장하는 시대 배경에 대해 알아보자. 15세기의 유럽에서는 많은 나라들이 세력을 얻기 위해 치열하게 경쟁을 벌이고 있었다. 당시 유럽의 입장에서 동방은 실크와 향신료, 금 같은 보물들이 넘쳐나는 동경의 땅이었다. 그러나 실제로 그곳을 다녀온 사람은 아무도 없는 '전설의 땅'으로 인식되고 있었다.

7세기 후반 아라비아 반도에서부터 세력을 넓혀 가기 시작한 이슬람 세력이 지중해 동부와 북아프리카를 제패했다. 그로 인해 동방으로 가는 육로와 인도양으로 열린 항구가 고스란히 이슬람 세력의 손에 들어가게 되었다. 기독교 국가들은 이슬람 세력이 지배하는 도시와 예수살렘을 되찾기 위해 11세기부터 13세기에 걸쳐 십자군에 의한 원정을 감행했다.

군사적으로 이렇다 할 성과는 없었지만 동방과의 교역이 일시 부활해 향신료가 다시 유럽에 들어오게 되었다. 그중에서도 '블랙 페퍼'로 대표되는 후추의 매력은 절대적이었다. 말하자면, 서서히 부패하기 시작하는 고기가 후추의 역할만으로 놀랄 만큼 맛있는 요리로 변신한다는 사실을 유럽인의 혀에 다시 한 번 일깨워 준 것이다.

13세기 초, 동방에서는 칭기즈칸의 몽골 제국이 건설되어 이슬람권에까지 세력을 넓혔다. 1271년에는 칭기즈칸의 손자 쿠빌라이칸이 수도를 대도북경로 옮기고 국호를 원나라로 정했다. 원은 기독교도에게 우호적이어서 7백 년 만에 처음으로 유럽의 상인이 카타이 중국를 여행할 수 있게 되었다. 최초로 중국을 찾은 일행은 베네치아의 폴로 일가로, 소년 마르코 폴로는 쿠빌라이칸의 신뢰를 얻어 왕실과 가깝게 지냈다. 광대한 영지를 여행할 기회를 부여받은 마르코 폴로는 『동방견문록』을 남긴다단, 자신이 직접 쓴 것이 아니라 귀국한 뒤 제3자가 그의 이야기를 전해 듣고 기록했다고 한다. 그 안에 등장하는 황금의 나라 지팡구 Zipangu 『동방견문록』에 나오는 일본의 명칭는 사방에서 금이 발견되는 섬나라이다. 이 나라 사람들은 모두 엄청난 양의 금을 갖고 있고 왕의 궁전은 지붕에서부터 바닥, 창문에 이르기까지 온통 금으로 장식되어 있다고 했다.

 그러나 짧은 시간 동안 열렸던 동방으로의 문은 중앙아시아에 건설된 이슬람교의 오스만 제국오스만투르크에 의해 또다시 닫히고 말았다. 향신료는 손이 닿지 않는 높은 고개 위의 꽃이 되었고, 유럽인은 다시 썩은 냄새 나는 고기를 견뎌 내야 했다. 맛있는 고기와 우호적인 중국, 황금의 나라 지팡구는 못다 이룬 꿈으로 남게 되었다.

포르투갈과 스페인 국왕을 상대로
'국가사업'을 프레젠테이션 한 이탈리아 뱃사람

 바로 이런 시대에 콜럼버스가 등장한 것이다. 그가 스페인에서 이사벨 여왕을 상대로 펼친 프레젠테이션이 성공하기까지의 발자취를 더듬어 보면 몇 가지 언뜻 이해하기 어려운 일들과 마주치게 된다. 이에 대한 자세한 설명은 뒤에서 하기로 하고, 우선 어떤 일들이 있었는지부터 살펴보자.

 ① 이탈리아의 뱃사람이었던 콜럼버스. 그가 탄 배가 침몰해 표류 끝에 우연히 도착한 곳이 포르투갈의 해안이었고, 7년 뒤에는 이 나라의 국왕을 상대로 대항해에 관한 프레젠테이션을 펼친다.
 ② 포르투갈에서 투자를 이끌어 내는 데 실패하자 콜럼버스는 즉

시 스페인으로 눈을 돌린다. 그리고 1년도 채 지나지 않아 이사벨 여왕을 알현하게 된다.

③ 스페인에서는 두 번이나 기획안이 채택되지 않았음에도 최종적으로는 모든 일이 그의 뜻대로 돌아간다. 한낱 뱃사람에 지나지 않는 사람이, 그것도 외국인의 신분으로서 강대국의 국왕을 상대로 '국가 사업 계획'에 대한 프레젠테이션을 할 수 있었다는 점이 우선 언뜻 이해가 되지 않는다. 게다가 아무나 드나들 수 없는 스페인 궁전에까지 초대되어 절대 권력자 앞에서 자신의 계획을 당당히 이야기하고 원하는 것을 얻어 낸 것이다. 두려울 만큼 놀라운 콜럼버스의 돌파력과 추진력, 거기에는 대체 어떤 비밀이 숨어 있는 걸까?

포르투갈 국왕을 상대로 한
프레젠테이션

모험가보다는 탁월한 '플래너'

"대서양을 서쪽으로 항해하다 보면 섬이나 육지를 발견하게 될 거라는 이야기는 당시만 해도 그다지 독특한 발상은 아니었어. 그것을 실행에 옮기려던 사람은 콜럼버스 외에도 여러 명 있었지."

이 말을 처음 듣는 순간, 내 머릿속에는 반짝 하고 전구가 켜지는 것 같았다. 그 후 나는 콜럼버스라는 인물에 대해 지대한 관심을 갖게 되었고 면밀히 조사해 보기로 했다. 그리고 그 과정에서 그에 관한 여러 가지 구체적인 사례들을 찾을 수 있었다.

14세기 중반, 포르투갈의 왕들이 서방으로 향하는 탐험가들에게 여러 차례 항해 허가를 내주었다. 또한 1462년에는 보가드라는 남자가 이 나라 왕의 허가를 얻어 대서양 서쪽으로 항해하기도 했다. 콜럼버스가 포르투갈 국왕을 상대로 했던 프레젠테이션이 참담한 실패로 끝나고 3년이 지난 뒤인 1487년에는 페르난 두르모라는 핀란드인이 공식 허가를 받아 대서양을 항해했다. 그러나 거센 풍랑을 만나거나 무역풍을 거스르는 항로로 항해함으로 인해 모두 실패로 끝났다.

탐험의 성공 여부를 떠나 처음부터 콜럼버스는 다른 탐험가들과는 결정적으로 다른 위치에 서 있었다. 그들은 자신이 항해에 필요한 자금을 모두 준비한 다음 국가에 허가를 신청했다. 한데, 콜럼버스는 자기 비용은 한 푼도 들이지 않은 상태에서 대항해를 시도했다. 자신의 원대한 꿈과 야심을 기획안으로 만들어 국가를 즉, 국왕을 상대로 프레젠테이션을 한 뒤 국가의 자금을 활용해 눈부신 성공을 이뤄 낸 것이다. 다른 경쟁자들이 단순한 '모험가'였던 데 반해 콜럼버스는 '플래너', 즉 '기획을 파는 사람'이었다.

기획력이란 개인의 꿈과 야심을 상대, 즉 클라이언트와 공유할 수 있는 형태로 가공해 내는 능력을 말한다. 상대방에게 무엇이 이익이 되는지 공감하게 하고 이해시킬 수 있어야 비로소 '팔리는 기획'이 된다. 아무리 설득해 보려고 애를 써도 상대는 내 마음처럼 쉽사리 움직여 주지 않는다. 상대방이 스스로 움직이고 싶게 만들어야 비로소 설득이 이루어지는 것이다. 내가 신입사원이었을 때 상사로부터 귀에 딱지가 앉도록 듣고 배운 말인데, 지금까지도 나는 이 말을 진리를 담고 있는 명언이라고 생각한다.

그럼, 기획이 가공되기 전 콜럼버스의 꿈과 야망이 어떤 식으로 커져 갔는지 살펴보자.

콜럼버스가 대항해의 꿈을 키운 장소

1451년 이탈리아 제노바의 모직물업자 집안에서 태어난 콜럼버스는 25세 때 제노바 상선의 뱃사람이 된다. 그런데 포르투갈 앞바다에서 프랑스 함대의 포격으로 배가 침몰하는 바람에 노 한 자루에 몸을 의지해 헤엄쳐 천신만고 끝에 육지에 도착한다. 간신히 목숨을 구한 콜럼버스는 리스본으로 가서 제노바인 거주지에서 지내게 된다. 그곳에는 그의 동생 바르톨로메가 살고 있었다.

이곳에서 콜럼버스는 동생과 함께 해도 제작과 판매에 매진했다. 당시는 대항해의 막이 활짝 열린, 글자 그대로 '발견의 시대'였다. 새로운 섬과 항로의 발견은 국가 기밀에 해당하는 만큼 해도 제작자는 대항해 시대의 최첨단을 걷는 사람으로 인정받았다. 해도 제작자들은 다양한 항해자들을 취재한 내용을 종합하여 실용적인 정보로 가공해 내는 일을 담당했는데, 그 과정에서 온갖 흥미진진하고 색다른, 아드레날린 분비를 촉진하는 사건과 에피소드가 넘쳐났다.

『콜럼버스와 대항해 시대Columbus and the Age of Discovery』를 보면 그가 대항해의 꿈을 키운 장소로 다음의 세 곳을 들고 있다. 먼저, 영국의 브리스틀. 콜럼버스는 해도를 제작해 판매하는 와중에 다시 배를 탔다. 그리고 그가 탄 상선이 브리스틀 항에 잠시 기착했는데, 그때 이미 대서양으로 배를 타고 나갔던 어부들은 바다 너머에 육지가 있다는 사실을 알고 있었다. 그 이야기를 콜럼버스가 전해 들었을 가능성이 있다.

두 번째는 아일랜드의 골웨이로, 그는 이곳에서 표류해 온 남녀의 시체를 우연히 목격하게 된다. 그는 마침 휴대하고 있던 책의 여백에 "어디서 왔는지 의아할 정도로 얼굴 생김새가 완전히 다른 사람들이었다."라고 메모해 두었다. 이 두 가지 일을 경험한 것은 그가 26세 때로, 대항해를 떠나기 15년 전의 일이다.

또 하나 중요한 장소는 이베리아 반도에서 약 1천 킬로미터 가량 떨어진 대서양의 마데이라 섬이다. 이 섬은 포르투갈이 아프리카 서해안에 진출하기 위해 반드시 지나야 하는 중요한 경유지였다. 28세의 콜럼버스는 이 섬의 총독이었던 이탈리아인 귀족의 딸과 결혼해 섬 생활을 시작한다. 당시 장인은 이미 사망했고, 귀족이라고는 하지만 그다지 부유하지도 않았던 것 같다.

이 섬에서 콜럼버스는 많은 생생한 정보들을 접하게 된다. 이곳 뱃사람들의 이야기, 조류에 휩쓸려 떠내려 온 나무로 된 낯선 조각상, 백인도 흑인도 아닌, 누런 살갗을 가진 시체, 대서양의 먼 곳에 크고

작은 섬들이 있다는 풍문……. 운 좋게도 아프리카 기니 해안까지 항해하고 돌아온 어느 포르투갈 선원과 직접 만나 이야기 나눌 기회도 있었다. '그만한 거리를 배로 남하할 수 있다면 대서양을 서쪽으로 항해할 경우 아직 발견하지 못한 섬과 육지에 도착하는 것이 얼마든지 가능하지 않을까?' 그런 생각을 하는 것은 매우 자연스럽고 당연한 일이었다.

사실 콜럼버스만이 아니라 바다에 익숙한 마데이라 섬의 뱃사람이라면 누구나 각종 다양한 정보를 접할 기회가 많았다. 이런 정황들을 근거로 생각해 볼 때 '대서양을 따라 서쪽으로 항해하면 섬이나 육지를 발견할 수 있다'라는 생각은 당시로서는 획기적인 발상이라기보다는 오히려 평범한 생각에 가까웠다고 할 수도 있을 것이다.

통하는 기획, 사람을 움직이는 프레젠테이션

프랑스 함대의 포격으로 배가 침몰하는 바람에 죽을 힘을 다해 헤엄쳐 포르투갈 해안에 도착해 가까스로 목숨을 건진 콜럼버스. 그로부터 7년이 지난 1483년, 그는 포르투갈 국왕인 조안 2세에게 기획안을 제시했다. 말하자면, 32세의 외국인이 펼치는 국가사업 기획에 관한 프레젠테이션이었던 셈이다. 한데, 국왕이 그의 프레젠테이션에 선뜻 응했다는 점이 무엇보다 놀랍다. 물론 당시는 바야흐로 대항해 시대의 막이 열려 막대한 이익을 기대할 만한 계획에 대해서는 누구나 귀담아 들을 귀를 갖고 있던 시대이기는 했다. 어쨌든 콜럼버스의 입장에서는 그야말로 쾌거라고 할 만한 사건이 아닐 수 없었다.

조안 2세에게 프레젠테이션을 할 때 콜럼버스가 기획의 핵심 포인트로 삼은 것이 바로 '황금의 나라 지팡구'이다. 내가 그를 '탁월한 플래너'로 칭송하는 첫 번째 이유가 바로 여기에 있다. 대서양을 서쪽으로 항해해 동방에 간다는 것은 콜럼버스 기획의 핵심 콘셉트이다.

콘셉트는 발상의 골격이다. 동쪽으로 가는 데 동쪽이 아닌 서쪽으로 항해하려는 것이므로 역발상이라고 할 수 있다. 하지만 그것만으로는 상대를 설득하는 데, 즉 상대도 역시 그런 마음이 들게 하는 데는 뭔가 부족하다. 자칫하면 '그런 생각을 해 볼 수는 있겠지만……'으로 끝나기 십상이다. 국왕이 기꺼이 자금을 투자하고 싶어질 만큼 매력적인 기획안으로 만들려면 어떻게 해야 할까. 콜럼버스는 '지팡구'라는 아이디어에 승부를 걸었다.

'대서양을 서쪽으로 항해해 황금의 나라 지팡구에 간다.'

논리가 아닌 감성에 호소하는, 굉장히 임팩트 있는 카피다. 이 카피를 들으면 누구나 황금으로 번쩍번쩍 빛나는 눈부신 목적지를 머릿속에 선명하게 떠올리게 된다. 사람을 움직이는 프레젠테이션, 통하는 기획은 언제나 긴 문장을 사용하지 않는다. 최대한 짧은 말로 듣는 사람의 머릿속에 상상을 불러일으킨다.

'엘리베이터 피치 elevator pitch'라는 것이 있다. '엘리베이터 피치 세일즈 토크'라고도 하는데, 지금으로부터 약 10년 전쯤 나는 처음 이 용어에 대해 들었다. 한 가전회사 간부와 커피를 마시면서 두런두런 잡담을 나눌 때였다. 그 자리에서 나는 '최근 광고시장에는 15초짜리 스팟 광고가 대부분이고, 30초짜리 광고가 거의 사라지다시피 해서 재미있는 광고를 만들기가 어려워졌다'는 취지의 말을 했다. 그러자 그는 "글쎄……." 하고 고개를 갸웃거리며 의미심장한 미소를 지었다. 그러고는 미국에서 벤처 비즈니스를 시작하는 사람들이 투자가에게 자금 지원을 부탁하는 자리에서 있었던 일화를 들려주었다. 투자가의 사무실이 있는 곳은 초고층 건물의 꼭대기 층. 투자를 유치하려는 사람은 엘리베이터 앞에서 기다리고 있다가 투자가와 함께 엘리베이터를 탄다. 지상에 도착할 때까지의 고작 20~30초가 프레젠테이션을 할 수 있는 시간의 전부. 그 짧은 시간 동안 자신이 구상하는 사업에 대해 매우 간략하고도 명확하게 프레젠테이션 해야만 하는 것이다. 1층에 도착할 때까지 투자가의 흥미를 끌 수만 있다면 "그 다음 내용을 들려주시겠습니까?"라는 답변과 함께 라운지에서 맛있는 커피를 대접받게 된다. 이 일화를 들려주며 그는 자신에게 주어진 시간이 15초밖에 안 되기 때문에 재미있는 광고를 만들 수 없다는 것은 너무 안이한 생각 아니냐고 조용하지만 따끔하게 나를 질책했다. 그날 나는 자신의 무능함은 깨닫지 못하고 시간의 부족함만 탓한 어리석음을 뼈저리게 반성했다.

콜럼버스는 '그 다음 내용을 들려주겠소?'라는 말을 포르투갈 국왕으로부터 끌어내기 위해 '황금의 나라 지팡구에 간다'라는 카피를 기획의 핵심 포인트로 삼았다. 한번 상상력을 발휘해 보자. 콜럼버스는 일단 국왕의 걸음을 멈추게 한 뒤 이렇게 말하지 않았을까?

"국왕 폐하, 지팡구는 결코 먼 나라가 아닙니다. 저는 선원으로서의 풍부한 경험을 바탕으로 서쪽을 항해해 지팡구에 갈 수 있다고 확신합니다. 이 항로는 아직 어느 나라도 시도한 적이 없습니다. 제게 맡겨 주신다면 황금뿐 아니라 부근의 섬에서 얻을 수 있는 온갖 향신료도 전부 폐하의 것이 될 것입니다!"

눈부시게 빛나는 황금, 향신료가 곁들어진 맛있는 고기……. 오감에 호소하는 이런 이야기는 듣는 이에게 생생한 이미지 체험을 각인시킨다. 콜럼버스의 프레젠테이션을 청취하고 있는 국왕의 머릿속에는 황금과 향신료를 가득 싣고 금의환향하는 배의 이미지가 선명하게 그려졌을 것이며, 마음이 설렘으로 요동쳤을 것이다. 하지만 확실한 결정이 내려지기까지는 '자문위원회의 심의'라는 또 하나의 넘어야 할 거대한 산이 버티고 있었다.

학자들로 구성된 위원회는 그의 기획이 현실적이지 않다는 이유로 각하를 결정했다. 지팡구의 존재 자체를 의심한 사람도 많았다. 게다가 한창 심의가 이루어지는 와중에 콜럼버스를 화들짝 놀라게 하는 일이 일어났다. 그가 프레젠테이션 한 방면으로 범선 한 척이 파견되었는데, 알고 보니 국왕이 콜럼버스 몰래 앞질러서 항로 탐색에 나선 것이었다. 그러나 갑자기 이루어진 일이라서 제대로 준비하지 못한 까닭에 온갖 난관에 부딪혀 배는 동방에 도착하기도 전에 돌아와야 했다. 그 배의 선장은 서둘러 되돌아와서는 대서양 너머에 육지 같은 것은 없다고 보고했다. 그러면서 그는 만일 누군가 그곳에서 육지를 발견한다면 자기 손에 장을 지지겠다고 큰소리를 쳤다. '그것 봐라, 이 허풍쟁이 콜럼버스야!' 그 일로 인해 콜럼버스는 포르투갈 궁정에서 웃음거리가 되었다.

포르투갈에서 한 프레젠테이션이 실패한 이유

콜럼버스의 의지와 열정도 아무런 보람 없이 포르투갈에서의 프레젠테이션은 실패로 끝났고 말았다. 나는 그 이유에 대해 곰곰이 생각해 보았다.

① 15세기 후반 무렵이었던 당시, 이베리아 반도에서 이슬람 세력을 몰아내려는 운동인 '레콘키스타 8~15세기 기간 동안 기독교 국가들에 의해 추진된 이베리아 반도 재정복 운동'가 바야흐로 완결 단계에 접어들고 있었다. 스페인에 앞서 레콘키스타를 달성한 포르투갈은 서둘러 북아프리카에 진출했다. 조안 2세는 아프리카 항로 개척에 자신만만했고, 콜럼버스가 프레젠테이션 했던 1484년 시점에는 이미 아프리카 대륙 서쪽의 튀어나온 돌각突角 부분을 돌아 적도를 넘어 콩고 강 하구

까지 정복했다. 아프리카 항로에 압도적으로 유리한 입장에 서 있던 포르투갈에게 아프리카 대륙을 돌아서 항해하는 인도양 항로 개척은 가장 중요한 임무 가운데 하나였다. 콜럼버스가 프레젠테이션 한 서쪽 항로는 예상이 적중하기만 하면 큰 이익이 굴러들어오는 보증수표가 되겠지만 자칫 큰 손실과 타격을 부를 수도 있는 도박과도 같은 일로 비쳐졌을 것이다.

광고 프레젠테이션에서 대범한 기획안이 받아들여지는 경우는 고객인 기업이 어려움에 처했거나 초조해할 때이다. 경쟁 회사가 바짝 추격해 오거나 혹은 경쟁사에 크게 뒤처져 있어 뭔가 획기적인 승부수를 던지지 않으면 안 될 만큼 상황이 좋지 않을 때 플래너의 제안에 귀 기울일 자세가 되는 것이다. 그런데 당시 포르투갈은 그야말로 욱일승천의 기세였다. 대단한 파워를 갖고 있거나 무섭게 성장하는 클라이언트는 프레젠테이터의 입장에서 매우 까다로운 상대이다. 그런 측면에서 보았을 때 조안 2세의 입장에서는 초조해하거나 조바심 낼 이유가 전혀 없었다.

② 콜럼버스는 국왕 한 사람만 설득하면 자신의 계획이 성사될 거라고 굳게 믿었다. 한데, 예기치 못하게 그만 학자들로 구성된 자문위원회라는 '허들'에 걸려 넘어지고 만 것이다.

하지만 이 프레젠테이션의 실패는 '플래너' 콜럼버스를 크게 성장시키는 계기가 된다. 자신의 꿈과 야망을 국가 자금을 동원해 실현하자면 적어도 자문위원회 학자들을 침묵하게 하거나 적극적인 동의를 이끌어 낼 수 있을 정도로 탄탄하고 치밀한 이론적 무장이 절실하다는 사실을 깨달았던 것이다. 동시에 그에게 더욱 자신감을 심어 준 측면도 있었다. 결국 포르투갈 국왕에게 배신을 당하기는 했지만 어쨌든 '지팡구'라는 먹이를 기다리고 있었다는 듯 대어가 덥석 물었다는 사실이다. '그렇다면 이 기획은 유럽의 다른 나라들에도 얼마든지 먹혀들지 않을까?'

이 시점에서 콜럼버스는 다음과 같이 결단을 내린다. '포르투갈이 아니라면, 이웃해 있는 경쟁국 스페인으로 가서 나의 기획을 팔아 보자.'

이사벨 여왕,
콜럼버스의 프레젠테이션에 매혹되다

불행 뒤에 연이어 찾아온 행운

　포르투갈 국왕을 상대로 했던 프레젠테이션의 실패를 전후하여 콜럼버스에게 예기치 않은 불행이 닥친다. 마데이라 섬에 살던 시절부터 동고동락했던 아내가 아들 하나만 남긴 채 갑자기 세상을 뜬 것이다. 콜럼버스는 다섯 살 된 아들 디에고를 데리고 배를 타고 포르투갈로 떠난다. 그의 나이 34세 되던 1485년의 일이다.

　스페인의 항구 도시 팔로스에 도착한 콜럼버스는 프란시스코 수도회의 라비타 수도원을 찾아가 아들을 맡아 달라고 부탁하면서 수도

원장인 후안 페레즈 신부에게 자신의 항해 계획을 이야기했다. 거기서부터 신기하게도 행운의 문이 마치 기다리고 있었던 듯 차례로 열리게 된다. 콜럼버스의 항해 계획에 마음이 움직인 페레즈 신부는 세비야의 안토니오 마르체나 신부를 소개해 주었다. 마르체나 신부는 항해학에 정통한 천문학자로, 스페인 왕궁에도 잘 알려진 인물이었다.

콜럼버스가 마르체나 신부를 만나 자신의 항해 계획에 대해 이야기하자 그는 지대한 관심을 보였다. 그리고 규모가 큰 상선대商船隊의 소유주인 한 백작과의 만남을 알선해 주었다. 콜럼버스의 계획에 마음이 움직인 백작은 자신이 서너 척의 배와 식량을 기꺼이 지원하겠다고 말했다. 동방으로의 항해를 위해 일단 왕실의 허가를 얻어 두는 것이 좋겠다고 판단한 백작은 이사벨 여왕을 알현하고 그 계획에 대해 보고했다. 콜럼버스의 계획에 각별한 관심을 보인 여왕은 즉시 그를 궁으로 데리고 오라고 말했다. 이렇게 해서 스페인 땅을 밟은 지 1년도 채 지나지 않아 콜럼버스는 스페인 왕궁에 초대된다.

텔레비전 드라마에서 이런 식으로 이야기가 척척 전개되면 현실성이 없다는 불만의 소리가 터져 나왔을 만큼 거짓말처럼 일이 술술 풀려 나간 것이다. 차례로 찾아오는 행운의 만남은 과연 우연이었을까? 나는 그렇지 않다고 생각한다. 모두가 콜럼버스가 쓴 시나리오대로 일이 움직여 간 것이라고 판단한다. 이에 대해서는 이후에 자세히 이야기해 보기로 하자.

35세 동갑내기 이사벨 여왕과의 운명적인 만남

당시 스페인에는 카스티야와 아라곤이라는 두 개의 왕국이 있었다. 이사벨은 카스티야의 여왕, 남편 페르난도는 아라곤의 왕으로, 부부가 일단 연합 왕국을 만들어 좀 더 강력한 통일국가를 이루기 위해 노력하고 있었다. 참고로 양과자 카스텔라는 '카스티야의 빵'에서 유래된 것이다.

1486년, 새해가 밝자 콜럼버스는 즉시 이사벨 여왕과 페르난도 왕을 차례로 알현한다. 이사벨은 처음 만난 콜럼버스에게 강렬한 인상을 받은 듯 그 자리에서 그의 계획을 검토할 위원회를 설치할 것을 약속했다.

이사벨 여왕은 그야말로 파란만장한 인생을 살아온 사람이다. 『콜럼버스Colombo』를 참고로 요약해 보자. 카스티야 왕과 그의 후처 사이에서 태어난 이사벨은 어린 나이에 고아가 되어 소녀 시절의 몇 년 동안을 수도원에서 보내야 했다. 그 후 그녀는 카스티야 왕의 전처 태생인 이복 오빠 엔리케 4세에게로 보내졌다. 엔리케 4세는 열한 살이 된 이사벨을 무려 30세나 더 나이가 많은 남자와 결혼시키려고 했다. 그러나 그 나이 많은 남자가 갑자기 누군가에 의해 독살당하는 바람에 결혼식은 취소돼 버렸다. 그러자 엔리케 4세는 악당으로 이름이 높은 어느 기사단의 단장과 결혼시키려 했다. 하지만 공교롭게도 그 남자마저 갑작스럽게 사망하는 바람에 이사벨은 원치 않던 결혼을 피할 수 있었다.

우유부단하고 무능한 엔리케 4세와 탐욕스럽기 짝이 없는 귀족들의 횡포로 인해 국정이 파탄 나고, 급기야 카스티야 왕국 내에 심각한 내란이 일어났다. 그리고 그 바람에 엔리케 4세는 왕위를 빼앗기고, 이사벨의 남동생인 알폰소가 그 대신 왕의 자리에 올랐다. 그러나 왕위에 오른 지 얼마 안 돼 알폰소가 갑자기 사망하는 바람에 왕의 친누나인 이사벨이 왕위 계승 1순위가 되어 왕좌에 올랐다. 18세가 된 이사벨은 여왕의 신분으로 자신보다 한 살 연하인 아라곤의 왕자 페르난도와 결혼식을 올렸다.

그로부터 5년 후 엔리케 4세가 사망하자 그의 딸 파나가 왕위 계승권을 주장하고 나섰다. 이사벨은 파나와의 정치 투쟁에서 일단 무사히 왕위를 지켜 냈다. 하지만 포르투갈을 자기편으로 만든 파나와의 싸움은 이후 더욱 격렬해져 갔다.

콜럼버스를 만난 것은 이사벨이 35세 때로, 공교롭게도 두 사람은 같은 나이였다. 하지만 그녀는 이미 평범한 사람들은 상상도 하기 어려울 만큼 파란만장하고도 풍부한 인생 경험을 갖고 있었기 때문에 매우 원숙하고 노련했다. 이사벨은 성인이 된 후 라틴어를 공부하기 시작했다. 그것은 고문서와 외교 문서를 남의 도움 없이 직접 읽어 내기 위해 스스로에게 부과한 일상적인 임무 가운데 하나였다. 이렇듯 그는 왕위에 합당한 인물이 되기 위해 끊임없이 자기계발에 힘쓰는 대단한 노력가이기도 했다.

그런 면에서 콜럼버스 또한 이사벨 여왕과 죽이 잘 맞았다. 그 또한 항해와 탐험에 필요한 문헌을 두루 섭렵하기 위해 열정적으로 라틴어를 배웠던 것이다. 그러한 노력의 결과 그는 뒤늦게 배운 라틴어로 여왕과 귀족, 그리고 전문가들 앞에서 능숙하게 프레젠테이션 할 수 있었다. 포르투갈어와 스페인어를 짧은 기간 내에 마스터하고, 그 분야에 정통한 학자들과 당당히 논쟁할 수 있을 정도의 심도 있는 지리 이론도 습득해 프레젠테이션에 임하는 콜럼버스를 이사벨이 상당한 호의를 갖고 지켜본 것은 어쩌면 당연한 일이었을 것이다.

학자를 능가하는 지리 지식을 갖추다

이사벨 여왕을 만나고 난 뒤 위원회가 열리기까지의 반 년 남짓한 기간 동안 콜럼버스는 완벽한 이론 무장을 위해 열정적으로 공부에 매달렸다. 당시 그가 귀중한 정보를 얻은 서적들이 세빌리아의 콜럼버스 도서관에 지금도 잘 보존되어 있다. 그곳에 소장된 책들은, 마르코 폴로의 1458년 라틴어판 『동방견문록』, 로마 시대의 박물학자 가이우스 플리니우스의 1489년 판 『박물기』, 1483년에 나온 프랑스 지리학자 피에르 다이의 『세계상』, 로마 교황 비오 2세의 1477년도 판 『세계지』 등이다. 『동방견문록』과 『세계상』의 여백에는 콜럼버스가 직접 쓴 메모도 남아 있다고 한다. 이곳에서 가만히 눈을 감고 있으면, 여왕과 학자들을 대상으로 한 일생일대의 프레젠테이션을 준비하기 위해 구입한 수십 수백 종의 서적들과 씨름하며 분투하는 콜럼버스의 모습이 눈앞에 선명하게 펼쳐지는 것만 같다.

프레젠테이션은 상대와 같은 모래판에 오르지 않으면 싸움이 되지 않는 게임이다. 광고 플래너도 구체적으로 광고를 제안하기 전에 먼저 시장 분석 결과를 보고하고, 시장에서의 상품 과제를 고객과 공유하기 위해 노력한다. 그런 다음 과제의 해결 방법으로서 구체적인 광고 계획을 프레젠테이션 하는 것이다. 광고와 대서양은 본질적인 특성상 차이가 있겠지만 콜럼버스는 광고와 동일한 맥락에서 대서양 항해에 접근하고 있다. 더 나아가 그는 다양한 관련 서적들을 통해 최신 학문 성과를 최대한 흡수함으로써 자신이 반드시 설득해야 할 상대인 학자들과 공통된 인식과 동등한 수준의 지식을 갖기 위해 노력했다.

콜럼버스가 당시 습득한 지리 및 항해와 관련된 지식을 놓고 자신의 계획을 성사시키기 위한 지나친 실용주의, 혹은 편의주의에 지나지 않는다고 비판하는 사람도 적지 않다. 즉, 정식 대학 교육을 받지 않은 콜럼버스의 학문은 전혀 체계적이지 않고 깊이도 없을 뿐 아니라 자신의 목적을 달성하는 데 필요한 것들만 그때그때 그러모은 얄팍한 지식에 지나지 않는다는 지적인 것이다. 하지만 그런 비판은 타당하지 않다. 왜냐하면 콜럼버스는 학자가 아니라 탐험가이기 때문이었다. 그에게 학문이란 '배를 띄우는 데 필요한 유용한 수단'일 뿐이었다. 그 학문을 통해 그는 왕실 위원회에 소속된 학자들을 설득할 수만 있으면 그것으로 충분했다. 콜럼버스에게 있어 프레젠테이션 준비를 위한 공부는 자신의 기획을 통과시키기 위해 지불해야 하는, 말하자면 '세금'과도 같은 것이었다. 동시에 그것은 자신의 기획을 객관적인 시각에서 바라보며 수정하고 보완하는 기회를 제공했다. 상대하기에 결코 만만치 않은 고객들 덕분에 그는 '탁월한 플래너'로 성장할 수 있었던 것이다.

'아라비아 마일' 대신 '이탈리아 마일'로 계산한 이유

콜럼버스의 기획은 '인디아스 사업'으로 불렸다. 그 당시의 세계 지도를 보면, 아시아 동쪽 끝에 거대한 반도가 남쪽으로 돌출되어 있다. 지금의 중국 동부와 인도차이나 반도에 해당되는 지역이 과장되게 그려져 있다는 느낌이다. 이 반도가 인디아스 반도로, 그 동쪽 해상에 그려진 여러 개의 섬들 가운데 하나가 바로 지팡구이다. 지팡구 남쪽에는 인도네시아의 대 자바 섬과 소 자바 섬이 있고, 그 외에 향신료가 나는 섬들이 산재해 있다. 콜럼버스의 인디아스 사업은 지팡구와 인도차이나 반도를 목표로 한 것이었다.

'인디안'이라는 이름의 유래에 대해 "콜럼버스는 자신이 인도에 도착했다고 생각했기 때문에 그곳의 주민을 인디안인도인이라고 불렀다."라고 주장하는 사람들이 있는데, 그것은 사실이 아니다. 그가 맨 처음 사용한 '인디안'이라는 용어는 인도차이나 반도와 그 주변 섬에 사는 인디아스인을 의미하는 것이었다.

이사벨 여왕의 명령으로 탈라베라 신부에 의해 위원회탈라베라 위원회가 소집되었다. 위원회는 쟁쟁한 학자들과 신학자들로 구성되어 있었다. 그들을 상대로 드디어 콜럼버스의 역사적인 프레젠테이션이 시작되었다.

> 오늘 저의 기획안을 제안할 기회를 주신 데 대해 우선 감사드립니다. 그럼 본론으로 들어가겠습니다. 저, 콜럼버스가 이끌 배가 목표로 하는 곳은 황금의 나라 지팡구입니다. 먼저 지팡구에 도착해서 목적을 달성한 뒤 카타이에도 가고, 향신료 산지로 유명한 동양의 여러 섬들도 차례로 들러서 올 예정입니다. 이것이 제 항해 계획의 개요입니다.

프레젠테이션은 이런 식으로 시작되었을 것이다. 위원회가 콜럼버스의 설명을 듣고 설득되느냐 그렇지 않느냐는 그의 지리 이론이 가진 설득력에 전적으로 달려 있다고 해도 과언이 아니었다. 콜럼버스는 서쪽으로 바다를 돌아 동방으로 가는 항해가 가능하다는 것을 다음과 같은 논리로 설명했다.

고대 로마 시대의 천문학자 프톨레마이오스는 지구 표면의 절반이 물이라고 했습니다. 하지만 저는 그 말이 사실이 아니라고 생각합니다. 왜냐하면 그의 말을 사실로 전제하면 바다가 지나치게 크기 때문입니다.

저는 2세기의 그리스인 마리누스가 주장한 설에 따라 유라시아의 동서 거리를 225도지구 한 바퀴의 360도 가운데로 가정해 보았습니다. 2백 년 전 실제로 동쪽 끝까지 여행한 바 있는 마르코 폴로의 주장에 따르면 유라시아는 우리가 생각하는 것보다 더 크다고 합니다. 따라서 225도에 28도를 더해 유라시아의 넓이를 253도 정도로 잡는 것이 좀 더 현실성이 있다고 생각합니다. 다시 말해 360도에서 253도를 뺀 크기, 즉 107도가 스페인과 유라시아 동쪽 끝을 가르는 대양대서양이 되는 것입니다.

유라시아 동부에 있는 카타이와 지팡구 사이의 바다를 30도로 잡고, 107도에서 30도를 빼면 77도가 되는데, 이것이 스페인에서 지팡구까지의 해양 거리가 되는 셈입니다. 또 이 항해는 스페인령인 카나리아 제도를 경유하므로 그 사이의 9도를 뺀 68도가 미지의 바다가 됩니다. 그리고 마리누스가 계산한 측정치에는 약간의 오차가 있기 때문에 여기에서 다시 8도를 뺀 60도를 실제 항해해야 할 거리로 생각해 볼 수 있습니다.

마치 바나나를 떨이로 팔아 버리듯 바다는 '어—' 하는 사이에 점점

축소되어 버렸다. 콜럼버스의 프레젠테이션은 여기에서 그치지 않고 계속되었다.

    그럼 경도 60도는 몇 해리에 해당될까요? 아랍의 지리학자 알 프라가니의 '경도 1도 = 약 57.2해리'라는 주장을 차용하여 계산해 보겠습니다. 그러면 지팡구까지의 항해 거리는 불과 2,400해리(4,445km)에 지나지 않습니다!

고의인지 실수인지 모르지만 이때 콜럼버스는 아라비아 마일을 사용하는 대신 자기 고향의 도량형 단위인 이탈리아 마일로 계산했다 단언할 수는 없지만, 나는 이 지점에도 콜럼버스의 치밀한 계략이 숨어 있다고 본다. 그리고 그 단순한 실수(?)로 인해 항해 거리가 25퍼센트나 짧아지게 되었다. 콜럼버스가 결론 내린 2,400해리는 스페인에서 일본까지의 실제 거리의 1/5에 지나지 않았다. 그리고 그것은 신기하게도 콜럼버스가 장차 도착하게 되는 바하마 제도와 쿠바 섬까지의 거리와 거의 일치했다.

콜럼버스의 프레젠테이션을 듣고 탈라베라 위원회의 심의가 시작되었으며, 그가 제출한 지도와 인용한 책에 대한 정밀 조사가 이루어졌다. 그리고 위원회는 다음과 같은 결론을 내렸다.

"이것은 매우 부실한 근거에 의거한 계획으로, 관련 분야에 대해 어느 정도 지식이 있는 사람이라면 틀림없이 실현 불가능하다고 판단했을 이 기획을 두 폐하께서 지지해야 할 어떠한 이유도 저희로서는 찾을 수 없습니다."

당시만 해도 대다수의 유럽인들은 아시아와 유럽 사이에 아메리카 대륙과 태평양이 존재한다는 사실을 꿈에도 생각하지 못하고 있었다. 학자들이 근거로 삼았던 지리 인식 자체가 현대의 우리와는 크게 차이가 있지만 어쨌든 '불가능한 항해'라고 결론 내린 위원회의 인식과 판단은 정확했다. 그 시대에는 아무리 대형선이라 해도 지팡구까지 항해하는 데 필요한 음식과 물을 싣기에는 불가능했기 때문이다.

자신의 기획안이 채용되지 않았다는 결정이 콜럼버스에게 전해졌다. 그런데 묘하게도 이때 후일 상황이 나아지면 다시 기획안을 갖고 오라는 말도 함께 전달되었다. 제2차 프레젠테이션에 대한 권유는 전적으로 이사벨 여왕의 의향이 반영된 것이었다. 사실 당시 그녀의 입장에서는 그 일보다 훨씬 복잡하고 시급히 해결해야 할 국내 문제들이 산적해 있었다. 당시 스페인이 당면한 최대 현안은 자국의 영토 안에서 이교도인 이슬람교도들을 몰아내는 것으로, 무려 8세기에 걸쳐 진행된 레콘키스타가 마침내 대단원의 막을 내리려 하고 있었다.

여왕에게 상상을 초월하는 성공 보수를 요구하다

1491년 여름, 콜럼버스는 자신의 아들 디에고가 6년여 동안 생활하고 있던 라비다 수도원에 갑자기 나타났다. 그곳에서 그는 수도원장 후안 페레스 신부와 다시금 마주하게 되었다. 콜럼버스는 페레스 신부에게 왕실을 상대로 한 프레젠테이션을 포기하고 프랑스로 갈 생각이라고 말했다. 그러자 신부는 그에게 좀 더 인내심을 갖고 기다려 보는 것이 어떻겠느냐고 권유했다. 일단 콜럼버스를 설득해 주저앉힌 그는 거기에서 머무르지 않고 적극적으로 움직이며 그를 도울 방법을 찾았다.

맨 먼저 그는 그 지역의 천문학자 및 선주들과 긴밀히 의논한 뒤 이사벨 여왕에게 장문의 편지를 보냈다. 신부는 배의 준비 등에 관해 구체적으로 이야기하며 이사벨 여왕에게 진행 상황을 보고했을 것이다. 그의 노력이 결실을 맺은 덕분인지, 그로부터 얼마 지나지 않은 어느 날 콜럼버스 앞으로 여왕의 초대장이 도착했다. 그 안에는 궁궐까지 타고 올 노새와 의복을 구입할 돈이 동봉되어 있었다. 지난 회견 때 콜럼버스의 옷차림이 초라했던 것을 여왕은 기억하고 있었던 것이다.

1491년 말, 마침내 콜럼버스는 다시금 이사벨 여왕을 알현하게 된다. 당시 스페인은 오랜 세월에 걸쳐 진행됐던 레콘키스타를 막 달성한 직후였다. 국내의 복잡다단했던 문제들이 모두 정리되고 겨우 해외로 눈을 돌릴 수 있는 환경이 조성되고 보니 이미 대항해 시대의 막은 활짝 열려 있었고, 그런 만큼 스페인은 경쟁국 포르투갈에 비해 한참 뒤처져 있었다. 이런 상황에서 이사벨 여왕은 매우 초조하고 조바심이 날 수밖에 없었다. 제2차 프레젠테이션을 진행하기에는 더할 나위 없이 좋은 타이밍이었다. 더구나 스페인은 아프리카 항로 개척에도 뒤처져 있던 터라 그때부터 이미 저만치 앞서가고 있던 포르투갈의 뒤를 아무리 열심히 뒤쫓아가 봐야 승산이 없다고 판단했다. 그런 까닭에 단숨에 상황을 역전시킬 수 있는 항로 개발이 절실히 필요했던 것이다.

콜럼버스의 제2차 프레젠테이션을 심의할 위원회에는 제1차 프레젠테이션에 비해 보다 전문적인 학식을 가진 학자들이 소집되었고, 왕실의 재무 담당자도 출석했다. 처음에 콜럼버스는 포르투갈에서 국왕에게 배신당한 쓰라린 경험을 했던 터라 항해에 관한 세세한 내용을 낱낱이 드러내려고 하지 않았다. 하지만 일을 제대로 진척시키기 위해서는 왕복 항로를 포함하여 좀 더 세부적이고 체계적으로 자신의 계획을 설명해야 했고, 그는 그렇게 했다. 그리고 더 나아가 처음으로 자신의 요구를 여왕과 위원들 앞에서 구체적으로 밝혔다.

새로운 항로의 항해에서 발견된 섬들과 대륙의 부왕副王인 동시에 총독으로 자신을 임명할 것. 그곳에서 토지 및 교역을 통해 얻게 되는 금·은·진주·보석·향료 등 모든 상품 판매 가격의 10퍼센트를 자신의 몫으로 인정할 것.

이것이 콜럼버스가 요구한 성공 보수 조건이었다. 사실 이것은 이사벨 여왕과 스페인 정부 입장에서 볼 때 실로 터무니없는 조건이었다. 콜럼버스도 그 점을 모르지 않았을 테지만 그는 당당히 그 파격적인 조건을 제시했다. 그는 그때까지의 경험을 바탕으로 여왕이 자신의 기획이 실행에 옮겨지기를 간절히 원하고 있다고 판단했기 때문에 망설이지 않고 원하는 바를 제안했던 것이다. 이번에야말로 그는 진짜로 항해를 떠나게 될 것이라고 직감하고 있었다.

그러나 위원회는 이번에도 '각하'의 결정을 내렸다. 콜럼버스가 파격적이다 못해 황당해 보이기까지 하는 엄청난 지위와 명예, 그리고 재물수익을 과감하게 요구한 것이 그들의 반감을 샀던 까닭이다. 그들은 야심가 콜럼버스를 '우습고 건방지기 짝이 없는 이탈리아인'이라고 비웃기까지 했다.

한데 콜럼버스가 실의에 빠져 산타페의 문을 나설 무렵, 궁정에서 모종의 움직임이 있었다. 페르난도 왕의 경리관인 산탄헬이 이사벨 여왕을 찾아가 그녀의 결심을 바꿀 것을 간곡히 청원했던 것이다. 산탄헬은 콜럼버스의 계획이 얼마나 적은 리스크와 투자로 얼마나 막대한 수익을 올릴 수 있는 사업인지를 열을 올리며 설명했다.

"설령 이 항해가 실패로 끝난다 해도 재정적으로나 외교적으로 우리나라에 큰 영향은 없습니다. 또한 성공적인 항해와 더불어 콜럼버스가 향하는 모든 곳에서 우리의 국교인 가톨릭교를 포교하는 것은 하느님의 뜻입니다. 그럼으로써 여왕 폐하께서는 하느님의 은총이 약속될 것이고, 지구상의 모든 가톨릭 교도들의 사기도 크게 오를 것입니다. 이것은 '세속국가의 영토'와 '가톨릭 왕국'의 확장이라는 두 가지 측면 모두에서 대단히 큰 의미를 갖는 일입니다."

말 한마디로 상대가 자신과 비슷한 마음이 되게 만드는 프레젠테이션의 달인이 여기 한 사람 더 있었다! '경건한 가톨릭 신자 이사벨'에 대해서는 신에 대한 헌신과 은총을 이야기하고, '여왕 이사벨'에 대해서는 통일국가의 기반 확립과 영토 확장이라는 측면을 집중 공략하여 그녀의 결단을 촉구했던 것이다.

"콜럼버스의 요구가 터무니없기는 하지만 그로 인해 우리나라의 재정은 적어도 10배는 윤택해질 것입니다."

여왕의 마음이 움직인 것을 보고 산탄헬은 결정적인 한마디를 보탰다.

만일 포르투갈 같은 경쟁국의 왕이 콜럼버스의 제안을 받아들여 항해가 성공하기라도 하는 날에는 우리에게는 돌이킬 수 없이 치명적인 타격이 될 것이며, 여왕 폐하의 위세도 크게 손상을 입게 될 것입니다. 또한 폐하께서는 지지자들로부터 거센 비판을 받게 될 것이며, 정적과 불만분자에게는 자칫 공격의 빌미를 제공하게 될 수도 있습니다.

왕위 계승권을 두고 혈육과 처절하게 싸워야 했던 젊은 시절의 악몽과도 같은 끔찍한 기억이 되살아난 이사벨 여왕은 마침내 결단을 내렸다.

왕실을 나온 콜럼버스를 다시 불러오기 위해 여왕의 시종이 긴급히 보내졌다. 콜럼버스는 코르드바 거리의 피노스 다리 근처에서 발길을 돌려 이사벨 여왕이 기다리는 산타페로 향했다. 겨울의 안다르시아 지방을 가르는 건조한 바람이 상기된 그의 뺨을 세차게 스치고 지나갔다.

콜럼버스의 항해 이론과 주장을 당신은 어떻게 생각하는가? 아마도 이 책을 읽으며 역사적 인물인 콜럼버스에게 다소 실망하게 될지도 모르겠다. 나 또한 솔직히 말해 그가 위원회를 이해시키기 위해 그토록 열정적이고 치열하게 공부한 성과가 겨우 이 정도였나, 하고 약간 맥이 빠졌다.

앞에서 언급했듯이 그는 가장 중요한 내용인 스페인에서 동방까지의 항해 거리를 실제의 5분의 1로 계산하는 우를 범했다. 또한 그 수치를 끌어내기 위해 여러 가지 설들을 인용하면서 유라시아 대륙을 점점 크게 만들고 대서양을 최대한 작게 만들어 버렸다. 그 뿐만 아니라 아라비아 마일을 이탈리아 마일로 바꿔 계산하는 치명적인 실수까지 저질렀다. 이런 식이었으니 그가 자신이 천신만고 끝에 도착한 카리브의 섬을 지팡구라 철석같이 믿고, 모두 네 번씩이나 왕복 항해하면서도 죽을 때까지 그렇게 여긴 것도 무리는 아니었을 것이다.

그렇다고 해서 콜럼버스를 허술한 사람으로 생각해서는 곤란하다. 어떤 부분에 있어서 그는 보는 이들을 압도하고 경악하게 할 정도로 용의주도하고 치밀했기 때문이다. 또한 그는 후세의 전기 작가들이 기록하고 묘사한 것보다 훨씬 탁월하고 매력적인 프레젠테이터였다.

'프레젠테이터'라는 말은 광고업계에서는 프레젠테이션을 하는 사람을 뜻하는데, 일본에서 만든 영어로 사전에는 실려 있지 않다. 최근에는 '프레젠터'라고 하는 사람도 있는데, 이는 '증정자'나 '사회자'를 말하는 것으로 '프레젠테이션을 하는 사람'과는 의미가 다르다.

'팔리는 기획'의 진수를 보여 준
타고난 세일즈맨

지팡구가 2,400해리 끝 지점에 있어야만 하는 이유

나는 아라비아 마일을 이탈리아 마일로 바꿔 계산한 콜럼버스의 실수에 대해 곰곰이 생각해 보았다. 그는 도대체 왜 그런 어이없는 실수를 저지른 걸까?……. 콜럼버스의 용의주도함을 문득 깨달은 것은 바로 그때였다. 콜럼버스가 나를 향해 씩 웃으며 이렇게 말했다.

"내가 꾸민 일을 위원회에 고자질하지 마시오."

'항해해야 할 바다는 좁다. 그리고 지팡구는 의외로 멀지 않은 곳에 있다.' 콜럼버스는 처음부터 이러한 결론을 내려놓고 세부적인 일에 착수했던 것이다. 지팡구가 가깝다는 주장을 학자들에게 이해시키기 위해 그는 고금의 가설을 교묘히 끌어들여 자신이 원하는 방향으로 매우 치밀하게 짜 맞추어 놓았던 것이다.

지팡구가 2,400해리 끝 지점에 있어야만 하는 이유는 뭘까? 그 의도는 명확하다. 그가 활동했던 15세기 당시 배에 실을 수 있는 장비 및 식량의 양과 무게를 감안할 때 불가능하지 않은 항해 거리, 그 최대치를 그는 2,400해리의 왕복 거리인 4,800해리로 잡았던 것이다. 그것은 아마도 뱃사람의 풍부한 경험과 산지식, 그리고 해도 만드는 일에서 얻은 최신 정보를 모두 동원해 산출해 낸 최적의 숫자였을 것이다.

만에 하나 섬과 육지를 끝내 발견하지 못하고 식료품 보급마저 어려워졌을 경우 출발지인 스페인으로 돌아올 수 있는 최대의 거리. 즉, 살아서 돌아오기 위해서는 편도 2,400해리 끝에 지팡구가 존재하지 않으면 안 되었던 것이다.

한데, 왜 거기에 지팡구가 필요했던 걸까? 그 이유는, '황금의 나라 지팡구'라면 프레젠테이션의 가장 핵심적인 포인트로 삼을 수 있을 뿐 아니라 결정권을 쥐고 있는 이사벨 여왕과 영향력 있는 궁정 학자들을 충분히 설득할 수 있다고 판단했기 때문이다.

나는 시험 삼아 대서양을 중심으로 그려진 지도를 탁자 위에 펼쳐 보았다. 그런 다음, 티슈페이퍼를 끈처럼 가늘게 말아 콜럼버스가 출항한 팔로스 항구부터 도착지인 산살바도르 섬까지의 거리를 가늠해 보았다. 그러고는 그 두 배 정도 길이의 끈을 만들어 팔로스를 기점으로 아프리카 대륙을 따라 더듬어 갔다. 그러자 끈의 끝이 아프리카 남단을 완전히 우회한 장소, 즉 매우 상징적인 지점을 가리켰다.

바르톨로뮤 디아스가 아프리카 최남단의 희망봉을 돌아 항해한 것이 1488년, 그러니까 콜럼버스가 스페인에서 제1차 프레젠테이션에 실패한 무렵이었다. 디아스의 경우, 아프리카 대륙을 따라 남하했기 때문에 무기항無寄航의 필요성은 없었겠지만 그다지 여유 있는 항해는 아니었을 것이다.

'팔리는 기획'의 진수를 보여 주다

'서쪽으로 돌아서 지팡구에 간다'라는 콘셉트의 프레젠테이션. 애초 콜럼버스가 그것을 거짓으로 브리핑할 의도까지는 없었을 것이다. 그리고 그는 대서양 저편에 그가 찾고자 하는 땅이 있다는 것을 믿어 의심치 않았으리라.

콜럼버스가 살았던 15세기만 해도 아직 공식적으로는 천동설의 시대였지만 지구가 축구공처럼 둥근 모양을 하고 있다는 네모가 아닌! 것은 이미 사회에 널리 퍼져 있는 상식이었다. 최초로 지구의를 만든 독일의 항해가이자 지리학자인 마르틴 베하임도 그 시대에 살았던 사람이다. 그러나 대서양을 항해해 서쪽으로 얼마나 멀리 가야 동방에 도착할지는 당시에는 오직 신만이 아는 일이었다.

만일 콜럼버스가 자신이 수집한 여러 가지 팩트들을 바탕으로 정직하게 프레젠테이션 했다면 어땠을까? 일테면 이렇게 말이다.

저는 대서양을 항해하고 싶습니다. 그 여정에서 아마도 새로운 섬과 육지를 발견하게 될 것입니다. 하지만 그 항해를 통해 구체적으로 무엇을 얻을 수 있을지는 알 수 없습니다. 어쩌면 뭔가 이익이 날 만한 것을 얻게 될 수도 있습니다. 그리고 정말 운이 좋다면 동방에 도착할 가능성도 있습니다. 그러니 제게 항해에 필요한 자금 일체를 제공해 주시기 부탁드립니다.

이래서는 그의 말에 귀를 기울여 줄 사람이 있을 리 만무하다. 이사벨 여왕이 관심을 가질 수밖에 없는 매우 특별한 제안, 즉 '팔리는 기획'이란 과연 어떤 것일까? 여왕을 알현하기 전 콜럼버스의 머릿속에는 스페인에서 해야 할 프레젠테이션의 구체적인 상이 명확히 서 있었다.

항로 개척에 상대적으로 뒤처진 스페인으로서는 아프리카를 우회하는 동방 항로에 한 발 늦게 뛰어들어 봤자 포르투갈을 결코 따라잡을 수 없습니다. 저는 스페인이 기사회생할 수 있는 확실한 계획을 갖고 있습니다. 서쪽으로 우회해 가는 동방 항로를 개척하는 일이 그것이죠. 무엇보다 먼저, 황금의 나라 지팡구를 목표로 삼아야 합니다. 지팡구까지의 거리는 의외로 그리 멀지 않습니다. 거기에서 얻게 될 황금과 주변 섬들에서 나는 향신료는 폐하의 나라에 이루 헤아릴 수 없을 만큼 막대한 이익을 가져다 줄 것입니다. 따라서 항해에 소요되는 비용은 그 이익에 견주면 아주 사소한 것입니다.

프레젠테이션의 가장 핵심 포인트가 되는 지팡구를 목적지로 설정하고, 최악의 경우 설령 섬이나 육지를 발견하지 못한다 해도 얼마든지 살아 돌아올 수 있을 만한 지점에 지팡구를 놓는다—. 이 얼마나 절묘하고 빈틈없는 계획인가! 그야말로 이것은 그의 주장에 동의하지 않고 여러 가지 논거를 들이대며 강력히 반대하던 여러 학자들의 입을 단숨에 다물게 할 만큼 절묘하고도 담대한 계획이었다.

"콜럼버스 씨, 어쩌죠?
지팡구에 간다는 엄청난 일을 맡아 버렸으니⋯⋯."

마침내 스페인 왕실이 콜럼버스의 계획을 승인한 후 절차에 따라 계약 확인이 이루어졌다. 이것은 '산타페 협정서'로 알려진 문서로, 합의에 이르기까지 석 달 남짓 시간이 걸렸다. 왜 그런 수고를 들였는지 여러 자료를 조사해 봐도 분명한 이유는 나와 있지 않다. 아마도 콜럼버스의 의도와 왕실의 기대 사이에 큰 간극이 있었기 때문에 조정과 공방에 긴 시간을 소비할 수밖에 없었던 것이 아닐까.

프레젠테이션만 통과하면 새로운 섬들과 육지를 발견할 수 있다. 그렇게 되면 막대한 이익과 부를 스페인에 가져다주게 될 것이다. 게다가 일이 잘만 풀리면 동방까지 갈 수 있을지 모른다. 어떠한 경우라도 결코 스페인에 손해나는 일은 없을 테니 무조건 나를 가게 해달라—.

콜럼버스의 이런 주장과 근엄한 왕실의 입장 사이의 간극은 쉽사리 좁혀지지 않았다. 사실 스페인 왕실에게 이 프로젝트는 동방으로 가는 새로운 항로를 개척하기 위한 것으로, 도중에 발견될지도 모를 섬과 육지는 덤에 지나지 않았다.

아무튼 최종 협약서에는 콜럼버스가 향하는 곳이 '대양의 섬들과 대륙'이라고 표기되어 있다. 여기서의 '대양'은 대서양을 의미한다. 프레젠테이션에서 콜럼버스가 큰 소리로 말했을 '지팡구'도, 동방을 의미하는 '인디아스'도 감쪽같이 사라져 버렸다.

협약서에 그 두 단어를 기입하는 것을 완강히 거부하는 콜럼버스의 모습이 머릿속에 그려진다. 사전에 가능성을 먼저 타진해 보지도 않은 상태에서 거물급 외국 연예인을 광고에 섭외하겠다고 큰소리치며 자신만만하게 프레젠테이션 한 뒤 기획안을 어렵게 통과시키고는 오히려 머리를 감싸 쥐고 고민하는 광고 플래너를 보고 있는 것만 같아서 왠지 그의 등에 대고 이렇게 말을 걸고 싶어진다.

"콜럼버스 씨, 어쩌죠? 지팡구에 간다는 엄청난 일을 맡아 버렸으니……."

"아니, 나는 '간다'고 말한 적이 없소. 그저 '그곳을 목표로 한다'고 했을 뿐인데, 저쪽에서 제멋대로 그렇게 생각해 버린 거요."

혹시 프레젠테이션 및 협상 과정에서 자신이 떤 허풍과 설레발을 수습하는 데 석 달이란 시간이 걸린 것은 아닐까.

행운까지도 **기획**하는
위대한 플래너

우연이나 행운까지도 기획하고 연출하는 플래너

스페인에 도착한 콜럼버스는 마치 기다리고 있었다는 듯 연이어 찾아오는 행운으로 인해 눈 깜짝할 사이에 이사벨 여왕의 궁에 초대되었다. 앞에서 나는 그 모든 것이 콜럼버스가 사전에 치밀하게 준비한 시나리오였을 것이라고 주장했다. 내가 그렇게 생각하는 이유는 다음과 같다.

콜럼버스가 스페인의 항구 팔로스에 도착해 자신의 아들을 맡기기 위해 찾아간 라비타 수도원. 공교롭게도 그 수도원의 원장 후안 페레스 신부는 이사벨 여왕의 고해신부 고해성사 때 하느님을 대신하여 신자들이 고백하는 죄를 듣고 그 죄를 용서해 주는 신부였다. 나는 백방으로 찾아다녔지만 그 많고 많은 수도원들 가운데 콜럼버스가 왜 하필 이 수도원을 택했는지 그 이유를 명확히 설명해 놓은 책을 발견할 수는 없었다. 그렇긴 해도 여러 가지 정황으로 미루어 볼 때 콜럼버스가 애초 이사벨 여왕의 고해신부를 중요한 연결고리로 삼기 위해 목적의식적으로 그 수도원에 자기 아들을 맡겼다고 생각하면 이후의 상황이 왜 그렇게 전개될 수밖에 없었는지 이해가 된다.

이사벨 여왕은 여러 명의 고해신부를 두고 있었다. 그들은 모두 높은 학식을 소유하고 있었고, 고해신부라는 역할로 여왕에게 깊은 신뢰를 받고 있었다. 콜럼버스는 자신의 궁극적 목표를 달성하기 위해 그 신부들 중 한 명을 택해 전략적으로 아들을 맡겼던 게 아닐까! 바로 이 지점에서 나는 단순한 야심가가 아닌 위대한 플래너로서 콜럼버스가 가진 뛰어난 자질과 열정을 발견하게 된다. 만일 그가 이사벨 여왕을 알현하지 못하게 된다면 탐험에 대한 프레젠테이션을 할 기회 자체가 사라져 버릴 것이기 때문이었다.

광고계에 전해 오는 굴지의 선박회사에 관한 전설 같은 일화가 있다. 이야기의 중심 인물 중 한 사람인 그는 카리스마 넘치는 회장으로 군림하고 있었다. 회사 건물의 부지 한쪽에는 어머니를 등에 업은 회장의 동상이 세워져 있었다. 어느 날 아침, 회장이 자기 집무실의 창을 통해 내려다보니 양복 차림의 젊은이가 동상 앞에 서 있었다.

젊은이는 동상을 향해 고개를 숙여 정중하게 인사하더니 서둘러 사라졌다. 그 후 며칠 동안 업무를 시작하기 전 창밖을 내다볼 때마다 그 젊은이가 동상 앞에 서 있는 모습을 발견했다. 회장은 비서를 불러 그를 회장실로 안내해 오라고 지시했다.

이윽고 잔뜩 긴장한 얼굴로 나타난 젊은이에게 회장은 소파에 앉으라고 권했다.

"젊은이는 왜 매일 아침 그 동상 앞에 서 있는 건가?"

"부모님께 효도하셨던 회장님을 존경하는 마음에서 아침마다 출근길에 들렀던 겁니다."

"매일 아침 말인가?"

"네!"

"젊은 사람이 대견하군!"

회장은 만면에 웃음을 띠며 말했다.

"그런데 하는 일은……?"

"네, 이름 있는 회사는 아니지만 광고업계에서 일을 하고 있습니다."

"회사 이름이 뭔가?"

그 후 수십억 원대에 달하는 그 기업의 광고 예산은 전부 그 광고회사의 차지가 되었다나 어쨌다나.

이것은 광고업계에 전해 오는 재미있는 일화 가운데 하나이다. 여담이지만, 이 이야기를 전해 들었을 때 그 젊은이가 동상을 찾아와 인사하기 시작한 지 과연 며칠 만에 회장에게 '발견'되었을지 다들 흥분해서 떠들던 기억이 난다. 의외로 그리 오랜 시간이 걸리지는 않았을 것이라는 데에 의견이 모아졌다. 사실 이 이야기는 왠지 꾸며진 듯한 냄새도 살짝 나서 진위 여부조차 명확히 알 수 없다.

다시 콜럼버스로 돌아가자. 고해신부와의 만남은 콜럼버스의 입장에서 보면 왕궁과 끈을 이어 줄 든든한 인맥을 의미했는데, 사실 그것은 신부에게도 나름 큰 의미를 갖는 일이었다. '가톨릭교 포교'라는 키워드가 떠오른다. 그것을 기회 포착에 누구보다 능한 콜럼버스가 지나쳐 버릴 리 없다. 수도원장을 만났을 때 그는 목청 높여 이렇게 말하지 않았을까.

저는 대서양을 서쪽으로 경유하는 항해를 통해 동방에 갈 계획입니다. 그곳에 도착하면 무신론자들이나 이교도들에게 복음을 전할 겁니다. 설령 운이 나빠 지팡구나 카타이에 도착하지 못한다 해도 그 항로에는 여러 섬들과 육지가 있을 거라고 확신합니다. 배가 닿는 곳마다 현지 주민에게 복음을 전파하는 것이 저의 사명이라 믿고 있습니다.

마음이 움직인 수도원장은 콜럼버스를 마르체나 신부에게 소개했다. 그는 위원회에 속한 모든 사람들이 반대하는 가운데 유일하게 그의 기획을 인정했던 인물이다. 항해에도 정통할 뿐 아니라 저명한 천문학자이기도 한 그가 콜럼버스가 주장하는 지리 이론의 허점을 놓쳤을 리가 없다. 따라서 그들이 콜럼버스의 기획안에 담긴 디테일한 진위 여부에 대해서는 최대한 관대한 입장으로 보다 원대하고 장기적인 관점에서 그의 프레젠테이션을 통과시키기 위해 적극적으로 움직였다고 보는 것이 자연스럽지 않을까.

'포교처는 꼭 동방이 아니어도 상관없다. 항해 도중에 미지의 섬들과 육지를 발견하면 그곳 주민들에게 복음을 전하면 된다. 아무튼 배를 띄워 이 남자에게 항해를 떠나도록 해야 하지 않을까!「요한계시록」이 암시하는 세계의 종말은 이제 멀지 않았다. 최후의 심판이 내리기 전에 하루라도 빨리 전 세계에 복음을 전해야 한다.'

이런 생각을 가진 신부들에게 그는 '신의 은총과 선택을 받은 인물'로 비쳐졌을 것이다.

아무튼 '항해 기획'이라는, 콜럼버스가 만든 근사한 피자 도우에 '가톨릭교 포교'라는 매력적인 토핑이 얹힘으로써 막강한 영향력을 가진 성직자들에게 단번에 통과시키고 싶은 플랜이 된 것이다. 그 토핑은 클럼버스가 자신의 기획안에 열렬히 찬성하고 적극 협조하는 사람을 늘리기 위한 매우 효과적인 방법이었다.

유대교에서 가톨릭교로 개종한 신흥세력이
콜럼버스를 지지한 이유

　이사벨 여왕에게 간언해 최종적으로 기획안을 통과시키도록 영향력을 행사한 아라곤 국왕의 경리관 산탄헬은 어떤 사람일까. 그는 유대교에서 가톨릭교로 개종한 집안에서 태어났다. 14세기 말 스페인 전역에서 반反유대인 폭동이 일어나 많은 유대인들이 살해당했다. 그들 중 일부는 스페인을 떠나 다른 나라로 망명하고, 일부는 가톨릭교로 개종했다. 개종한 유대인들 가운데 우수한 인재들은 성직자나 국왕의 재무·행정 담당관이나 학자가 되어 궁정의 중추적 역할을 담당했다.

　콜럼버스의 기획에 찬동하고 적극 지원한 사람들 가운데 산탄헬과 같은 배경을 가진 자는 탈라베라 위원회의 탈라베라 신부와 신학자 데사가 있다. 데사는 위원회가 기획안을 종결지으려 할 때마다 연기시켜 다음 기회를 기약할 수 있도록 도와주었다. 맨 처음 프레젠테이션 결과가 나왔을 때 아직 포기해서는 안 된다고 콜럼버스를 격려한 것도 그였다.

　이렇게 보면 콜럼버스 편이 되어 준 사람들의 대다수가 유대교에서 가톨릭교로 개종한 집안의 인물, 즉 신흥세력이었음을 알 수 있다. 반면 콜럼버스가 여왕에게 요구한 칭호 문제를 놓고 오만불손하다며 거세게 비난한 이들은 대부분 구세력의 귀족들이었다. 어쩌면 유능한 개종자들의 출세와 승승장구에 대한 두려움과 질투, 위기의식을 그들의 비호를 받는 콜럼버스에게 발산한 것으로 볼 수도 있다. 신흥세력을 대표하는 산탄헬은 그런 칭호를 허락하는 일에 단 한 푼의 돈도 들지 않는다며 여왕에게 결심을 바꿀 것을 강력히 촉구했다. 또한 낡은 가치에 얽매이지 말고 바야흐로 힘차게 막이 열린 대항해 시대를 직시하며 현실적인 이익을 취해야 한다고 조언했다.

스페인 궁정의 신흥세력과 새로운 땅에서의 포교를 역사적 사명으로 생각하는 가톨릭교 신자들을 자기편으로 끌어들여 마침내 콜럼버스는 대서양으로 항해를 떠나게 되었다.

오만하고? 무례하고? 제멋대로?

콜럼버스는 궁정 사람들의 눈에 어떻게 비쳐졌을까?

이사벨 여왕의 연대기를 쓴 안드레스 베르나르데스는 "사투리가 심한 라틴어였지만 아무튼 낭랑하고 유창하게 말했다."라고 적고 있다. 콜럼버스는 사투리 억양이 심한 말을 하면서도 전혀 기가 죽지 않고 여유 있게 이야기하면서 궁정의 고관대작들과 폭넓게 교류하였으며 명망 높은 학자들과 격의 없는 대화를 나눴다. 콜럼버스의 친구였던 베르나르데스는 '위대한 지성의 소유자이지만 동시에 교양 없는 사내'라고 그를 평하기도 했다. 정확히 어떤 의도로 한 말이었을까. 조금은 미묘한 표현인 듯한데, 내 생각에는 그가 콜럼버스에 대해 "교양이 없다."라고 한 것은 흉을 보거나 비난하고자 한 말이라기보다는 오히려 칭찬의 말이 아닐까 싶다. 콜럼버스가 만일 '교양 있는' 사람이었다면 탈라베라 위원회가 내린 것과 같은 결론을 내리지 않았을까. 즉 콜럼버스가 이런저런 지식을 가진 자라면, 그래서 그 지식에 의지해 뭔가 중대한 결정을 내렸다면 대서양 항해는 도저히 실현 불가능한 일이라고 판단했을 테고, 당연히 무모하게 탐험에 뛰어들지도 않았을 것이기 때문이다. 콜럼버스의 항해는 무교양, 즉 그전까지의 상식을 배짱 좋게 무시해 버리고 자신의 직관과 내면에서 들려오는 소리에 따를 수 있는 능력이 있었기에 가능한 모험이었다.

포르투갈 조안 2세의 왕실 부속 역사가인 루이 데 피나는 콜럼버스에 대해 다음과 같이 묘사했다. "제독은 약간 오만한 성격으로, 자신에 대해서는 항상 사실을 거침없이 왜곡한다. 게다가 무례하고 늘 제멋대로이다."

"오만하고 무례하고 제멋대로"라는 서술에 대해서는 콜럼버스의 편을 들어 이렇게 반론하고 싶다. 프레젠테이터는 기획을 팔기 전에 먼저 자신을 파는 것이 철칙이다. '나그는 보통 사람들은 상상도 하지 못할 엄청난 것을 제안할 대단한 인물이다 → 따라서 나그의 제안 내용도 신선하다.' 프레젠테이션을 받는 측은 이 순서로 무의식중에 판단을 내리게 된다. 젊은이를 타깃으로 한 상품 광고를 제안할 때는 젊은층의 기분과 정서를 충분히 이해할 것 같은 플래너가 필요하다.

고리타분해 보이는, 아저씨 같은 이미지의 플래너가 "지금 젊은층에게는 이런 광고가 어필할 거라고 생각합니다."라고 말하는 것과 머리를 노랗게 물들이고 세련미가 돋보이는 패션의 플래너가 "이 메시지로 그들의 마음을 사로잡을 수 있습니다."라고 말하는 것은 설득력 면에서 매우 큰 차이가 난다.

하물며 대서양을 항해해 동방으로 간다는 전대미문의 프레젠테이션이다. 대탐험을 반드시 완수하리라는 믿음을 주고 후광을 보여 주지 못한다면 기획은 이미 실격이다. 이사벨 여왕과 궁정의 고관대작들, 그리고 명망 높은 학자들 앞에서 콜럼버스의 다리는 미세하게 떨렸을지 모르지만 아무튼 그는 다소 과장되었다 싶을 만큼 자신만만한 인물이라는 인상을 심어 준 것이다.

불가능, 그것은 아무것도 아니다!

다시 포르투갈 국왕에게 프레젠테이션을

탈라베라 위원회의 첫 번째 결론이 나온 후 콜럼버스는 한 번 배신당했던 포르투갈 국왕에게 편지를 보냈다. 스페인에서 쉽사리 결론이 나지 않을 거라 판단되자 바로 스페인과 격렬히 대립하고 있던 포르투갈 국왕을 대상으로 한 제2차 프레제테이션을 제안했던 것이다. 그는 자기 고향인 제노바에도 편지를 보냈고, 또 영국과 프랑스와도 협상하기 위해 자신의 동생 바르톨로메를 현지에 파견했다.

모든 것을 쏟아 부은 프레젠테이션 이후 더 이상 희망이 없다고 판단되자 즉각 다른 나라에 자신의 기획을 넘기려 하는 콜럼버스. 나는 그것을 결코 지조 없고 비열한 행동이라고는 생각하지 않는다. 플래너가 자신의 기획을 사 줄 클라이언트를 찾아다니는 것은 지극히 당연한 일이다. 적절한 시기를 놓쳐 다른 나라가 먼저 움직이면 애써 만든 기획의 가치가 순식간에 사라져 버리기 때문이다.

광고회사 다니던 시절의 어느 동료가 생각난다. 당시 그는 가전회사인 M사를 담당하는 CM 플래너였다. 그는 자신이 오랫동안 심혈을 기울여 준비한 광고 기획안이 M사에서 통과되지 않자 크게 실망했다. 그 후 사내 이동으로 주 고객사가 바뀌면서 그는 M사의 경쟁사인 T사를 담당하게 되었다. 거절당한 광고 기획에 여전히 애착을 갖고 있던 그는 M사에 사전 양해를 구한 뒤 자신이 새롭게 담당하게 된 T사에 프레젠테이션을 했다. 그리고 그 안건이 통과되어 마침내 그의 기획안이 빛을 보게 되었다. 시청자의 반응은 폭발적이었고, 한 해 동안 시장에 출품된 광고를 모두 모아 엄격히 심사하고 시상하는 광고대상전에서 당당히 그랑프리를 수상했다.

그 후 나는 우연히 그 기획을 채택하지 않았던 M사의 한 간부와 그 일에 대해 이야기 나눌 기회가 있었다.

"그때 그 기획안을 T사에 제안해도 괜찮겠느냐고 그가 물었는데, 우리 입장에서야 그 제안을 받아들이지 않았으니 안 된다고 말할 수가 없었어요."

그는 이렇게 이야기하며 무척이나 아쉬운 듯 쓴웃음을 지었다.

자신의 기획을 어떻게든 세상에 펼쳐 내고 싶은 플래너의 마음은 콜럼버스의 집념과 맥을 같이한다. '고객에게 막대한 이익을 가져다 줄 자신의 기획이 팔리지 않을 리 없다.' 그런 신념과 믿음이 있었기에 콜럼버스는 자신의 기획을 어떠한 고난과 장애물 앞에서도 끝내 포기하지 않고 현실로 이루어 냈으며, 마침내 역사적인 인물로까지 자리매김하게 되었다고 생각한다. 나는 그런 콜럼버스의 모습에서 플래너가 반드시 가져야 할 열정과 혼이 느껴져 기쁘다 못해 가벼운 흥분까지 느끼곤 한다.

대서양 항해를 '팔리는 기획'으로 만든 것은 콜럼버스뿐

'콜럼버스의 달걀'이라는 말이 있다. 항해를 성공시킨 콜럼버스가 성대한 축하 파티에 초대되었을 때……, 라는 이야기로 시작되는 에피소드이다. "누구나 서쪽으로 가면 육지를 만나게 된다. 당연한 일이다."라며 경사스런 자리에 찬물을 끼얹은 귀족들. 콜럼버스는 달걀을 손에 들고 좌중을 둘러보며 "누구, 이걸 탁자에 세울 수 있는 사람 있습니까?" 하고 말했다. 그러자 몇 사람이 다가와 달걀을 탁자에 세워 보려고 시도했지만 단 한 명도 성공하지 못했다. 콜럼버스는 조용히 달걀 끝을 탁자에 쳐서 깨뜨린 후 깨진 쪽을 아래로 해 달걀을 세워 보였다.

통상 '콜럼버스의 달걀'을 우리는 다음과 같은 의미로 사용한다. '누구나 할 수 있는 일이지만 가장 먼저 시도한 사람만이 승리를 거둔다.' 또는 '막상 시도해 보면 너무도 당연해 보이고 전혀 어려울 것이 없지만 쉽게 거기에 생각이 미치지 못한다.' 과연 콜럼버스는 그 행위에 어떤 의미를 담고자 했을까. 내가 콜럼버스라면 아마도 이렇게 이야기했을 것이다.

"대서양을 서쪽으로 가는 것은 꿈과 야심이 있으면 누구나 할 수 있다. 하지만 지팡구를 포인트로 해서 그것을 팔리는 기획으로 만든 것은 여기 있는 나, 콜럼버스뿐이다. 달걀이 선 것은 내가 서게 했기 때문이다."라고.

이 시점에서 한 가지 언급해 둘 것이 있는데, 사실 '콜럼버스의 달걀'은 극적인 요소를 가미하기 위해 후세의 사람들이 지어 낸 이야기라고 한다.

교훈

- 상대를 설득하고 싶다면 당신의 이익이 아니라 '상대의 이익'에 초점을 맞춰라!
- 한 문장 한 단어만 들어도 머릿속에 이미지가 선명하게 펼쳐지는 살아 있는 어휘를 선택하라!
- 우연이나 행운까지도 철저히 기획하고 연출하여 상대로 하여금 행운의 여신이 당신 편이라고 믿게 만들어라!
- 상대를 설득하는 데 필요하다면 집중적으로 몰입하여 상대를 능가하는 지식과 실력을 갖춰라!

'근대 올림픽의 아버지'로 불리는 쿠베르탱 남작은
어떤 인물일까? 그리고 그는 어떤 프레젠테이션을 통해
고대 그리스의 올림픽을 부활시켰을까?
이 책을 집필하기 위해 꼼꼼히 자료조사를 해 가는 과정에서
올림픽 부활이라는 일생일대의 미션을 이루기 위해
고군분투하는 그의 불굴의 의지와 열정,
그리고 피땀 어린 노력에 완전히 압도되었다.
쿠베르탱의 맨 처음 프레젠테이션은
참담한 실패로 끝나고 말았다. 그러나 그는 거기에서
좌절하지 않고, 호시탐탐 재기회를 노리고 처음부터 다시
치밀하게 준비하여 참석자의 마음을 뒤흔드는
최고의 프레젠테이션으로 올림픽 부활을 만장일치로
이끌어 냈다. 첫 프레젠테이션은 왜 실패했을까?
그리고 제2차 프레젠테이션은 어떻게 성공할 수 있었을까?

PART 2

PIERRE DE COUBERTIN

쿠베르탱의
올림픽 부활
프레젠테이션

Pierre Coubertin

2009년 도쿄는 2016년 올림픽 개최지 후보로서 브라질의 리우데자네이루를 비롯해 마드리드, 시카고와 치열한 경합을 벌였다. 그리고 IOC 총회 투표 결과 최후의 승리는 리우데자네이루에 돌아갔다. 이를 계기로 많은 일본인들은 개최지 선정의 승부를 가르는 데 투표 직전 치러지는 프레젠테이션이 결정적인 영향을 미친다는 사실을 명확히 인식하게 되었다.

방송 뉴스나 신문에서 '프레젠테이션'이라는 단어가 아무런 보충 설명 없이 쓰이기 시작한 것도 아마 이때가 처음이었을 것이다. 오랫동안 광고업계 내에서만 사용되던 말이 이렇듯 일반화되어 대중들 사이에서 통용되는 것을 보고 나는 단순한 격세지감을 넘어 감격마저 느꼈다.

2008년 베이징 올림픽을 텔레비전으로 시청한 사람은 무려 총 47억 명에 이른다고 한다 미디어 조사회사 닐센 집계. 텔레비전 집계만 이 정도이니 인터넷으로 관전한 사람들까지 포함하면 그 숫자는 더욱 늘어날 것이다. 단순한 스포츠 축제에서 인류의 공통 체험이라 불러도 좋을 세기의 슈퍼 이벤트로 성장한 근대 올림픽. 세계적인 차원과 규모의 이벤트인 만큼 그 시작에는 당연히 근사한 프레젠테이션이 있지 않았을까? 도쿄 올림픽 유치에 관한 기사를 보며 문득 내 머릿속에 떠오른 생각이었다.

'근대 올림픽의 아버지'로 불리는 쿠베르탱 남작은 어떤 인물일까? 그리고 그는 어떤 프레젠테이션을 통해 고대 그리스의 올림픽을 부활시켰을까? 나는 처음에 그가 남작이라는 작위를 갖고 있었으니 명예직 정도로 느슨하게 그 일에 관여하지 않았을까 여기고 있었다. 그러나 이 책을 집필하기 위해 꼼꼼히 자료조사를 해 가는 과정에서 올림픽 부활이라는 일생일대의 미션을 이루기 위해 고군분투하는 그의 불굴의 의지와 열정, 그리고 피땀 어린 노력이 있었음을 알게 되었고 거기에 완전히 압도되었다.

쿠베르탱의 맨 처음 프레젠테이션은 참담한 실패로 끝나고 말았다. 그러나 그는 거기에서 좌절하지 않고 호시탐탐 재기의 기회를 노렸고, 처음부터 다시 치밀하게 준비하여 사람들의 마음을 뒤흔드는 최고의 프레젠테이션으로 올림픽 부활을 만장일치로 이끌어 냈다.

그의 첫 프레젠테이션은 왜 실패했을까? 그리고 제2차 프레젠테이션은 어떻게 성공할 수 있었을까? 창의성과 열정으로 실패와 성공을 가른 매우 좋은 예인 쿠베르탱의 프레젠테이션을 지금부터 만나 보자.

이번 조사에서 나는 쿠베르탱에 관한 연구의 금자탑이라 할 수 있는 존 맥칼룬 교수의 『위대한 상징 This Great Symbol』을 주요 참고 자료로 삼았다.

스포츠 보급을 통해
교육 개혁을 꾀한 쿠베르탱

불운한 시대의 귀족으로 태어난 쿠베르탱

피에르 드 쿠베르탱은 1863년 광대한 토지를 소유한 프랑스 귀족 집안의 4형제 중 셋째로 태어났다. 할아버지는 바이올린 연주의 대가였고, 아버지는 풍속화가로 널리 알려졌다고 하니 예술혼이 빛나는 가정에서 어려움 없이 성장했다는 것을 짐작할 수 있다. 신실한 가톨릭 신자였던 어머니는 자신의 아들 피에르가 장성하여 성직자가 되기를 바랐다. 당시 프랑스 귀족의 관습에 따라 그는 11세 되던 해에 예수회 학교에 입학해 라틴어와 그리스어를 배우면서 가톨릭교의 가르침에 따른 엄격한 도덕 교육을 받았다.

프랑스 혁명이 끝나면서 시작된 19세기는 이 나라의 역사를 통틀어 가장 드라마틱한 정치적 변화를 체험하게 되는 백 년이었다. 왕정이 폐지된 후의 제1차 공화제, 제1차 제정나폴레옹, 왕정복고, 제2차 공화제, 제2차 제정나폴레옹 3세, 제3차 공화제로 정신없이 정치 체제가 바뀌었고 그때마다 사회 전체를 기초부터 뒤흔드는 쿠데타와 혁명이 일어났다.

또 산업혁명으로 부를 축적하고 권력을 손에 쥐게 된 부르주아 계급에 억눌려 귀족이 활약할 기회는 차츰 적어졌다. 대외적으로는 프로이센독일과의 전쟁1870~71년에서 어이없이 패배함으로써 자존심 강한 프랑스 국민은 커다란 충격을 받았고, 독일에 대한 극도의 반감까지 갖게 되었다.

쿠베르탱은 오랜 정치적 혼란 끝에 자신감과 역동성을 상실한 프랑스에서 청년 시절을 보냈다. 이제 귀족의 자제에게는 마치 컴컴한 터널 속을 달리듯 미래가 보이지 않았고, 돈벌이가 되는 일은 전부 신흥 부르주아 계급이 독차지하게 되었다. 한마디로 손해 보는 시대에 태어났던 쿠베르탱은 당시 귀족 집안에서 태어난 사내아이라면 으레 관리나 군인의 길을 택했던 것처럼 그 또한 정해진 진로를 걷게 되었다. 17세 때 그는 우수한 성적으로 대학 입학 자격을 획득하고 명문 사관학교에 입학했다. 그러나 그는 사관학교를 오래 다니지 않고 그만둔 뒤 정치고등학원정계 엘리트 육성학교에 편입했다. 귀족이라면 왕정을 바라는 것이 당연한 일인데, 놀랍게도 그는 공화제를 지지했다.

관리나 군인이 되는 길을 선택하지 않고 정치 분야를 지망했던 열혈 청년 쿠베르탱. 그런 그의 행동이 마치 정해진 진로를 벗어난 일탈의 길을 가는 것처럼 보였지만 사실 귀족이라는 자신의 정체성과 주어진 현실에 대한 반발까지는 아니었다. 오히려 반대로, 그는 격동의 시대에 귀족으로서 긍지를 잃지 않고 살아가기 위해 자신이 해야 할 명예로운 일을 열심히 찾고 있는 중이었다.

쿠베르탱이 올림픽 부활을 생각하게 되기까지의 과정을 ①공립학교 ②고대 올림피아 발굴 ③영국인 의사라는 3가지 키워드로 따라가 보자.

영국 시스템에서 프랑스 교육 개혁의 실마리를 발견하다

독일과의 전쟁에서 패하고 나자 프랑스 곳곳에서 자국 군대의 무력함에 대한 비난 여론이 빗발치듯 쏟아졌다. 그러나 이에 대해 본질과는 관계없는 단편적인 해결책들만 우후죽순으로 제시되고, 젊은 이를 단련시키자는 목소리가 한층 높아지면서 학교 체육시간이 마치 군사훈련 시간처럼 되어 버렸다. 1880년에는 모든 학교에서 체육교육이 의무화되었는데, 이것은 독일에 당한 패배를 설욕하기 위한 병력강화가 가장 큰 목적이었다. 이런 흐름에 대한 반발과 함께 민간에 의한 최초의 체육단체가 만들어졌고, 중학교(리세)의 주입식 교육에 대한 비판도 거세어졌다.

교육 개혁이 필요하다고 느낀 사람들이 롤모델로 삼은 것은 영국식 교육이었다. 일찌감치 산업혁명을 이룩한 영국에서 긍정적인 측면을 배워 오자는 활발한 움직임 속에서 공립학교의 교육이 본격적으로 주목을 받기 시작했다. 쿠베르탱도 프랑스의 교육 개혁이 무엇보다 시급한 문제임을 인식하고, 그 일에서 자신의 소명을 발견한 사람 가운데 하나였다.

1883년 20세의 나이로 영국에 건너간 그는 공립학교를 견학했는데, 프랑스의 학교와는 너무도 다른 모습에 큰 충격을 받았다. 프랑스의 중학교는 대부분 도시에 만들어져 있고, '구멍 하나 뚫린 커다란 돌 상자' 같은 곳에서 지식을 주입하는 방식으로 교육이 이루어지고 있었다. 그런데 영국의 공립학교는 작은 시골 마을에 주로 위치해 있고, 학생들은 푸른 들과 깨끗한 물이 있는 풍요로운 자연 속에서 마음껏 들판을 뛰어다니며 유년 시절을 보내고 있었다. 영국 학교 견학을 통해 그는 자유와 스포츠야말로 공교육의 근간이라는 것을 명확히 이해하게 되었다.

'교육은 인생의 서막이 되어야 한다. 어른은 자유롭다. 그러니 소년 소녀들에게도 자유로운 환경을 만들어 주어야 한다. 그 아이들에게 중요한 것은 자신에게 주어진 자유를 어떻게 사용해야 할지 그 구체적인 방법을 배우는 것이다.' 그는 이렇게 생각했다.

공립학교에서는 자유에 대한 교육을 위해 40여 년 전부터 스포츠를 활용해 왔다. 사회라는 조직에서 혹독한 싸움을 이겨 내기 위한 준비를 시키는 것. 그것이 바로 스포츠이다. 쿠베르탱은 교육의 이상을 공립학교의 스포츠 교육에서 발견했다. 그는 활발한 논문 발표와 강연 활동을 통해 조국 프랑스의 교육 개혁을 과감하고도 열렬하게 호소하기 시작했다.

그런데 스포츠는 공립학교가 교육의 중요한 요소로 받아들이기 이전에는 사람들의 단순한 흥미의 대상이자 구경거리로서의 이미지가 강했다. 맨손으로 치고받는 복싱, 패치코트 차림으로 싸우는 여성들의 시합, 미친 듯이 날뛰는 수소와 곰에게 인간이 먹이를 주는 쇼 등 폭력과 성적 욕망을 외양만 바꿔 만족시켜 주는 스포츠. 노동자 계급의 하루 동안의 극심한 피로와 시름을 달래 주기에는 그런, 눈동자를 반짝거리며 보게 만드는 구경거리가 그야말로 안성맞춤이었다. 한 손에 술병을 든 채 왁자하게 떠들고 소리 지르며 구경하는 쇼에서 노름의 성격을 띠는 내기나 미리 짜고 진짜인 척 겨루는 승부 조작 따위는 소꼬리처럼 으레 따르기 마련이었다.

그런 스포츠에서 교육적인 요소를 발견한 것이 바로 공립학교 교장들이었다. 영국에서는 산업혁명으로 벼락부자가 된 신흥 부르주아가 공립학교에 자녀를 보냈다. 그곳에서 상류층과 부르주아 계급이 만나 어우러짐으로써 '젠틀맨+경쟁'의 의식이 생겨났다. 그런 시대의 요청에서 출발하여 학생의 인격 형성에 도움을 주기 위한 목적에서 스포츠를 새롭게 각색한 근내 스포츠가 탄생한 것이다. 당시 스포츠 우수 학교는 학부모의 지지를 받아 지망생이 넘쳐났다고 한다. 어찌 보면 학부모의 요구를 민감하게 읽어 낸 교장들이 원활하고 효율적인 학교 경영을 위해 스포츠를 도입한 것이라고도 할 수 있다. 어쨌든 페어플레이, 협동정신, 극기심, 활력 등 우리가 스포츠에 대해 갖고 있는 이미지는 기껏해야 170년 정도의 역사밖에 갖고 있지 않다.

영국을 방문한 쿠베르탱은 그곳의 귀족에게도 관심을 가졌다. 프랑스 귀족이 자신들의 명예를 지키기 위해 중시했던 것은 노블리스 오블리주이다. 통상 이것을 고결한 행위, 훌륭한 규범, 아낌없는 희생을 세상에 보여 주고 그에 대해 어떤 보상도 요구하지 않는 것이라고 정의한다. 내 나름대로 해석하면, 노블리스 오블리주와 정확히 대척점에 있는 단어는 '부수입'이 아닌가 한다. 어떤 사람이 어떤 직책에 있음으로써 손쉽게 얻어지는 특별한 이익이나 편의인 부수입. 가령 케이크를 자른 사람이 자신의 수고를 내세워 가장 큰 조각을 먼저 차지하는 것이 부수입이라면 남들에게 그 케이크를 골고루 나누어 주고 자신은 가장 작은 조각을 맨 마지막에 갖는 것, 그것이 바로 노블리스 오블리주이다. 그 직책에 있기 때문에 감수해야만 하는 손해, 케이크를 자르기 위해 솔선수범하여 나이프를 손에 잡지만 정작 자기 몫의 케이크는 거절하거나 절제할 줄 아는 것, 그것이 바로 노블리스 오블리주이자 귀족이 지켜야 할 명예라고 그는 생각했다.

그런 노블리스 오블리주라는 귀족 정신을 지키는 일에만 신경을 쓰는, 상대적으로 소극적인 프랑스 귀족과는 달리 영국의 귀족은 적극적으로 직업을 갖고 공공에 기여하며 사회에 공헌하는 것을 당연하게 여겼다. 공공을 위해 헌신하는 것이 너무도 당연해서 '노블리스 오블리주'라는 말조차 알지 못하는 영국의 귀족에게 그는 크게 감동했다. 그런 한편으로 귀족이 사회에 별 도움이 되지 못하는 자신의 조국 프랑스의 현실이 안타깝기만 했다.

스포츠 보급 운동에 비협조적인 학교 교장을 한 방 먹이다

프랑스의 교육 개혁을 위해 무엇보다 필요한 것은 공립학교에서 시작된 근대 스포츠의 보급이었다. 쿠베르탱은 영국 귀족처럼 프랑스 귀족이 사회에 공헌할 수 있는 일을 마침내 찾았다고 생각했다. 26세 때, 그는 프랑스 정부에서 파견한 해외 시찰단의 일원으로 참여했다. 근대 스포츠를 본격적으로 보급시킬 방법을 찾는 것이 그 시찰단의 목적이었다.

이 일을 계기로 그는 세계 여러 나라의 스포츠 지도자들과 친분을 쌓게 된다. 미국에서는 대학 내의 활발한 스포츠 활동에 주목했다. 학생들이 스포츠클럽을 결성해 시합을 하는 것이 스포츠를 대중적으로 확산시키는 지름길이라는 점에 착안한 쿠베르탱은 '프랑스 스포츠 경기연맹'을 설립했다. 또한 그는 스포츠 월간지를 발행해 스포츠의 교육적 의의와 가치에 대해 호소하기도 했다. 정부에 대해서는 문교부 장관을 집요하게 설득해 위원회를 조직하고 관련 인사들이 정기적으로 모여 활발히 토론하며 개선책을 찾는 자리를 만들었다.

쿠베르탱의 이런 노력에도 불구하고 프랑스에서는 스포츠가 제대로 보급되지 않았다. 그래서 그가 생각해 낸 것이 스포츠 선진국들과의 원활한 교류였다. 즉, 미국이나 영국의 선수들을 초청해서 프랑스 선수들과 시합을 시키자는 것이었다. 스포츠가 얼마나 멋지고 즐거운 것인가를 프랑스인들에게 직접 체험하도록 하자는 취지였다. 그렇게 하자면 국내 조직을 일원화해야 했기에 그는 여러 개의 스포츠 단체를 통합해 '프랑스 스포츠협회연합'을 결성했다.

프랑스의 교육 개혁을 위해 스포츠를 보급시킨다는 목표를 달성하기 위해서는 가장 우선적으로 무엇이 필요할까. 그는 먼저 구체적인 계획을 세운 뒤 탁월한 리더십과 친화력을 발휘해 과감히 실천에 옮겼다. 귀족의 자제로서 명예가 된다고 믿는 일에는 자신이 비용을 부담하는 것도 망설이지 않았다. 당시 상호 교류를 위해 초대한 외국 팀을 위한 축제나 만찬회 비용의 대부분이 쿠베르탱의 개인 주머니에서 나왔다고 한다. 이렇게 쿠베르탱은 다른 나라들에 자신을 신뢰하고 이해해 주는 지인과 튼튼한 네트워크를 확보함으로써 국제 교류에서 없어서는 안 될 매우 중요한 인물이 되어 갔다.

한데 쿠베르탱은 언제 '남작'이 되었을까? 당시만 해도 그의 아버지가 생존해 있어서 아직 작위를 물려받았을 리가 없는데, 21세의 젊은 나이에 이미 그는 남작으로 활동하고 있었다. 아마도 남작의 직위를 갖고 있으면 대외적, 정치적으로 활동하는 데 적잖은 도움이 되었기 때문일 것이다. 이렇듯 그는 의외로 자신의 사명을 달성하는 데 필요한 일이라면 약간의 규칙도 과감히 위반할 수 있을 정도로 목표 지향적인 면과 좋게 말해서 융통성도 갖추고 있었다.

그가 스포츠 보급 운동에 매진하던 시절에 있었던 흥미로운 에피소드를 하나 살펴보자.

쿠베르탱이 주최한 스포츠 대회에 참가한 한 고등학생이 그에게 고충을 털어놓았다. 그에 따르면, 자신이 다니는 학교의 교장선생이 스포츠에 열광해 있는 학생들을 상당히 못마땅하게 생각하고 있다는 것이었다. 그러니 학생들이 참가하고 있는 그 대회에 그가 응원하기 위해 찾아올 리가 없었다.

그 이야기를 들은 쿠베르탱은 즉시 대통령을 찾아갔다. 그리고 이렇게 말했다.

"대회 기간 중 산책 삼아 꼭 한 번 들르시겠다고 했는데, 제발 오늘 와 주십시오."

대통령이 참석했는데도 경기장에 코빼기도 비치지 않은 교장은 무척이나 곤란한 처지에 빠졌다. 그 일로 인해 학교 교장들 사이에서는 '쿠베르탱을 조심하라'라는 말이 널리 퍼졌다고 한다.

이 이야기를 듣고 통쾌해하는 사람과 그렇지 않은 사람이 있을 텐데, 유감스럽게도 나는 후자이다. 미토 고몬본명은 도쿠가와 미쓰쿠니로, 일본 사극 드라마의 제목이기도 하다. 도쿠가와 가문의 이름이 새겨진 도장을 넣은 작은 약 상자를 허리에 차고 다니다가 결정적인 순간에 그 도장을 보여 악당의 무릎을 꿇게 한다. 이 허리에 찬 주머니에서 도쿠가와 가문이 새겨진 도장을 꺼내 으스대며 내보이는 것도 마음에 들지 않는데, 말하자면 쇼군무신 정권인 막부의 수장까지 데려와 악당을 벌하려는 이야기인 탓에 뒷맛이 개운치 않다. 하지만 당시 쿠베르탱의 나이는 고작 20대에 지나지 않았으니 젊은 혈기에 한 일이려니 하고 관대하게 넘어가 주자.

쿠베르탱에게 영감을 불어넣어 준
올림피아 유적 발굴과 고대 그리스 붐

쿠베르탱이 올림픽을 부활시키기로 결심한 것이 1891~92년 무렵이니까 그가 28~29세 되던 해였다. 앞에서도 언급했지만, 고대 그리스에 주목한 것은 사실 쿠베르탱의 독창적인 생각은 아니었다. 당시 지식인들 사이에서는 고대 그리스 문화헬레니즘가 엄청난 붐을 이루고 있었다.

그리스·로마 문명은 르네상스 이래 매우 수준 높고 뛰어난 문화로 관심을 받았는데, 19세기 후반에는 고대 그리스 붐이 일어 문화 운동 전반을 지배하기에 이르렀다. 이 대유행에 앞서 약 1세기 전에 작은 유행이 일어났고, 거기에서 비롯된 관심이 영국인의 올림피아 유적 발견으로 이어졌던 것이다. 또 독일의 본격적인 발굴 조사로 깊이 4미터가 넘는 흙에 파묻혀 있던 올림피아 유적이 전모를 드러냈다. 최고의 신인 제우스를 모시는 제단, 34개의 대리석 기둥이 지붕을 떠받치는 신전, 그곳에 안치되어 있는 거대한 제우스 석상, 아내를 맞이하는 제우스를 위해 지어진 신전, 보물을 모아 둔 건물……. 그런 유적들이 죽 늘어서 있는 성역에서 시작하여 32미터 길이의 터널로 연결되어 있는 스타디온경기장. 스타디온의 트랙은 직선 192미터로, 무려 4만 5천 명을 수용할 수 있는 대규모 관람석을 구비하고 있었다. 이 모든 것들이 수천 년 전의 사람들에 의해 만들어진 것이라는 사실이 믿기지 않을 정도로 웅장하고도 수준 높은 건축물들이었다.

고대 그리스의 화려하고 풍요로운 정신세계가 흙더미 속에서 발굴되는 과정을 전 세계의 수많은 사람들이 저마다 감탄사를 연발하며 지켜보고 있었다. 오랜 세월 동안 땅 속에 감춰져 있던 그 위용을 만천하에 드러내는 장대한 유적이 연일 일면 톱기사로 신문에 보도되었고, 치밀한 유적 조사와 연구를 통해 그곳에서 치러졌던 고대 올림픽 제전의 자세한 모습이 양파 껍질 벗겨지듯 하나 둘 밝혀지기 시작했다.

『고대 올림픽』을 참고로 그 내용을 대략 정리해 보자.

고대 올림픽은 BC 776년부터 AD 393년까지 1168년 동안 지속되었다. 최고의 신 제우스를 비롯해 신들에게 바쳐지는 제전으로서

4년에 한 번씩, 총 293회나 개최되었다. 각 폴리스도시국가의 남성 시민들이 참가해 육상, 레슬링을 비롯한 5종 경기를 치르는데, 처음에는 하루 동안 펼쳐지던 경기가 차츰 종목 수가 늘어나면서 닷새로 연장되었다.

첫날 개회식에서는 제우스 신의 석상 앞에 참가 선수들이 모두 모여 선서를 한다. 둘째 날은 전차 레이스와 5종 경기가 치러지고, 셋째 날에는 백 마리의 수소를 제우스에게 바친 다음 단·중·장거리 육상경기를 벌인다. 넷째 날에는 레슬링, 복싱, 판크라티온레슬링과 복싱을 결합시킨 격투무술로 상대방을 물어뜯거나 손가락으로 눈을 찌르는 행위 이외의 모든 공격이 인정되었다. ─옮긴이의 시합이 있고, 다섯째 날은 시상식으로, 각 경기에서 우승한 한 명에게 '애슬론athlon'이라 불리는 월계수로 만든 월계관을 씌워 주었다.

처음에 쿠베르탱은 고대의 올림픽 참가 선수들이 오직 명예 하나만을 위해 각지에서 모여들었다고 생각했다. 그러나 사실은 그렇지가 않은 것이, 우승자가 경기를 마치고 자신의 폴리스에 돌아가면 그야말로 영웅 대접을 받아 막대한 보수와 부를 보장받았다. 그래서 마치 요즘의 스포츠계에서 종종 그런 일이 일어나듯 경기 전에 미리 서로 짜고 승부를 조작하는 나쁜 패거리들까지 나타났다. 스타디움으로 들어오는 터널 앞에는 제우스 신의 석상이 길게 늘어서 있는데, 재미있는 것은 그 석상들이 모두 뇌물 제공이나 승부조작 같은 부정행위를 저지른 선수들에게서 징수한 벌금으로 만든 것이라고 한다.

고대 그리스에 올림픽이 생겨난 중요한 이유 중 하나로 그들의 돈독한 신앙심과 치열한 경쟁심을 들 수 있다. 정말이지 그들은 경쟁을 굉장히 좋아했다. 해서 툭하면 단순한 놀이에 뭔가 규칙을 만들어서 서로 실력을 겨루곤 했다. 그런 경향은 비단 스포츠에만 국한된 것은 아니었다. 그림이나 조각 같은 예술 분야에서도 그들은 자주 콘테스트를 열어 실력을 겨루었는데, 심지어 미소녀 콘테스트라는 것까지 있을 정도였다. 따지고 보면 아테네 법정에서 그 유명한 '소크라테스의 변명'이 이루어진 재판제도도 원고와 피고의 논리 설득력 경쟁에 다름 아니었다. 그러니 산업혁명이라는 일대 격변을 거쳐 본격적 경쟁 시대로 돌입한 19세기 말엽에 올림픽이 부활하게 된 것은 결코 우연한 일이 아닐 것이다.

고대 그리스에서는 폴리스들 간에 크고 작은 전쟁이 끊이지 않았는데, 올림픽이 다가오면 준비 기간을 포함해 도시국가들 사이에 휴전협정이 체결되곤 했다. 제우스 신에 바치는 제전을 가장 중시했기 때문인지, 아니면 제우스 신의 진노를 두려워했기 때문인지는 몰라도 아무튼 무려 11세기 반 동안이나 지속되었던 고대 올림픽이 전쟁으로 인해 중지된 적은 단 한 번도 없었다. 심지어 그리스가 로마 제국의 지배를 받을 당시에도 제우스 신에게 바쳐지는 올림픽은 5백 년 동안 지속되다가, 테오도시우스 황제 때에 이르러 이교 금지령으로 폐지되었다.

프랑스의 교육 개혁이라는 목표를 위해 스포츠 보급에 힘써 왔던 쿠베르탱에게 고대 올림픽은 커다란 영감을 주었다. 명예를 위해 싸우는 선수들, 수준 높은 육체와 정신의 조화를 추구했던 사람들, 전쟁이 벌어져도 올림픽이 다가오면 반드시 휴전협정을 맺었던 도시국가들……. 자신의 교육 개혁이 지향하는 그 모든 것이 이미 고대 그리스에서 완벽하게 실현되고 있었던 것이다.

영국인 의사 윌리엄 페니 브룩스가 개최한 웬록 올림픽 대회

이미 언급했듯이 고대 올림픽의 부활을 맨 처음 생각하고 실행에 옮긴 사람은 쿠베르탱이 아니었다. 당시에는 고대 그리스 붐으로 이곳저곳에서 이른 바 '올림픽 경기'가 개최되었다. 『올림픽 게임 해설 The Olympic Games Explained』이라는 책을 보면 1896년 제1회 아테네 올림픽 이전에 있었던 15가지 사례가 자세히 소개되어 있다. 영국, 스코틀랜드, 스웨덴, 캐나다, 미국, 그리스 등의 국가에서 다양한 형태의 올림픽이 열렸다고 하는데, 대부분 단순한 운동 경기나 게임에 '올림픽'이라는 이름을 붙인 것들이었다. 그중에서 쿠베르탱에게 직접적인 영향을 준 것은 1850년 영국의 작은 시골 마을인 머치 웬록에서 펼쳐진 대회였다.

고대 그리스 문화의 대단한 애호가였던 윌리엄 페니 브룩스라는 의사가 주도적으로 나서서 개최했던 웬록 올림픽 대회. 그는 쿠베르탱보다 훨씬 일찍 국제 올림픽 대회의 가능성을 발견하고 공식적으로 제안했다. 1890년 쿠베르탱은 그의 정식 초대를 받고 이 대회를 관람했는데, 이때 그에게 강한 인상을 남긴 것은 인체 모형의 표적에 창던지기, 퍼레이드, 개회식 등이었다. 그는 거기에서 자신이 마치 고대 그리스와 하나로 완전하게 이어지는 것 같은 느낌을 받았다. 80세가 넘은 의사 브룩스와 27세의 젊은 쿠베르탱은 밤새 이야기꽃을 피웠다. 쿠베르탱은 이 대회가 지역 이벤트로서 나름대로 의미 있는 성공을 거두었다는 사실에 큰 용기를 얻었다.

쿠베르탱의 올림픽 부활 프로젝트는 이런 식으로 차츰 구체적인 형태를 갖추어 나갔다. 세계 평화를 위해 도움이 되는 지속적인 국제 경기 대회로 만들 것. 세계 각국에서 차례로 개최할 것. 그때까지 프랑스의 교육 개혁을 목표로 스포츠 보급에 힘썼던 쿠베르탱은 이제 '스포츠에 의한 세계평화'라는 한 차원 높은 목표를 발견하게 되었다.

공립학교, 고대 올림피아의 발굴, 영국인 의사. 쿠베르탱이 올림픽 부활을 결심하기까지 결정적인 역할을 한 3가지 키워드에 대해서 알아보았다.

여기서 쿠베르탱을 직접 만나 그가 올림픽에 대한 내용을 프레젠테이션 하기까지의 자세한 경위를 인터뷰해 보자. 참고로 인터뷰이는 쿠베르탱, 인터뷰어는 나다.

영국 공립학교의 스포츠 교육은 실로 감동적이었습니다. 프랑스에도 어떻게든 도입하고 싶다는 생각이 들 정도였어요. 그래서 저는 잠자는 시간을 아껴 가면서 집필과 강연을 하는 한편 행정 관련 일에도 손을 써서 교육 개혁을 실현하기 위해 노력했습니다. 주입식 교육 탓에 얼굴은 갈수록 더 창백해지고 머리만 커다란 아이들에게 프랑스의 미래를 기대할 수는 없다고 생각했기 때문이죠.

그동안 항상 내 머릿속에 있었던 것은 고대 그리스였어요. 그 시대에는 정신과 육체가 하나였습니다. 고대 그리스 조각을 유심히 살펴보세요. 육체가 그대로 기품 있는 예술 작품으로 살아 있지 않습니까? 육체를 단순히 정신을 담는 그릇처럼 여겼는데, '정신은 고상하고 육체는 더럽다'고 생각하는 것은 커다란 착오입니다. 벽창호 같은 가짜 인텔리에게는 "육체가 정신을 만든다."라고 말해 주기도 했어요.

고대 그리스 붐의 영향으로 각종 이벤트와 스포츠 대회가 열렸는데, 대개는 하찮은 것들이었어요. 하지만 영국인 의사가 개최한 대회는 주목할 만했죠. 실제로 그 대회는 지역민들 사이에서 대단한 인기를 모으고 있었는데, 거기에서 저는 중요한 힌트를 얻었습니다. 규모가 훨씬 큰 국제 규모의 올림픽 개최도 결코 불가능한 일이 아니라는 확신을 갖게 된 거죠.

내가 목표로 한 것은……, 그런데 당신은 웃지 않는군요. 얼마 전 내 이야기를 듣던 어떤 사람은 어디 아픈 거 아니냐며 자기 손으로 내 이마를 짚어 보던데……. 정신이 이상해졌다고 생각한 모양이에요. 아무튼 당초 나의 목표는 프랑스의 교육 개혁이었습니다. 그리고 그

개혁을 실현하기 위해 영국식 스포츠를 도입해 보급시키려 했죠. 그러나 앞으로는 거기에만 머물지는 않을 겁니다. 지금 내가 하려는 일은 프랑스만을 위한 게 아니니까요.

　나의 궁극적인 목표는 스포츠를 매개로 한 국제 교류와 친선을 통해 세계 평화를 이루는 겁니다. 그렇게 하기 위한 구체적인 방법으로 1,500년 만에 올림픽을 부활시키자는 겁니다. 개최지는 각국이 돌아가면서 정하기로 하고요. 근데, 왜 당신은 웃지 않죠? 내 이야기를 들은 사람은 모두 웃던데……. 비현실적인 이상주의에 빠진 도련님의 허풍이라면서요.

　네? 내가 올림픽을 부활시킬 것을 이미 알고 있다고요? 이상한 말을 하는 사람이군요, 당신은. 아무튼 나는 어떻게든 해낼 겁니다. 지금까지도 내 사재를 털어 스포츠 대회를 열어 왔는데, 올림픽 부활을 위해서라면 내가 가진 전 재산을 내놓아도 아깝지 않아요. 왜요? 당신, 뭔가 말하고 싶은 모양인데……. 물론 내 힘으로 모은 재산이 아니라 부모님과 조상에게서 물려받은 겁니다. 하지만 내가 그 재산과 함께 물려받은 것이 바로 '귀족 정신'이에요.

　지금 세계가 돌아가는 걸 보세요. 식민지를 둘러싸고 그야말로 일촉즉발의 전쟁 위기에 놓여 있습니다. 이처럼 심각한 위기를 맞은 세계에 스포츠를 매개로 해서 평화를 실현해 가는 겁니다. 이건 정치가들이 할 수 있는 일이 아니에요. 물론 일이 제대로 진행되기 위해서는 각국의 대통령이나 영향력 있는 정치가들의 도움이 반드시 필요하겠죠. 그러나 이 일은 올바른 정신이 박힌 귀족이 아니면 할 수 없는 명예로운 일입니다. 쓸데없는 아집과 자존심으로 똘똘 뭉쳐서 사회에 아무런 도움도 되지 않는 이 나라 귀족들의 타락한 모습을 보세요. 그들은 가장 대표적인 속물들입니다.

올림픽 부활을 위해 어쩌면 나는 부모에게서 상속받은 전 재산을 잃게 될지도 모릅니다. 하지만 그게 뭐 어쨌다는 거죠? 쿠베르탱 가의 조상들은 틀림없이 '그것이 바로 진짜 프랑스 귀족이다' 하고 나를 자랑스럽게 여길 겁니다.

이런 내가 실례를 범했군요. 귀족이 아닌 당신은 도저히 이해하지 못할 이야기를 주절주절 늘어놓은 것 같네요. 이러고 있을 시간이 없습니다. '올림픽 부활 프레젠테이션' 날이 코앞에 닥쳤거든요. 그럼 프레젠테이션 회장에서 다시 만납시다.

막상 쿠베르탱에게 마이크를 들이대 보니 살짝 불쾌해지는 부분도 있지만, 아무튼 이것으로 '올림픽 부활'을 내건 그의 프레젠테이션의 대략적인 취지와 경위는 어느 정도 이해가 될 것이다.

박수갈채를 받고도 **참패**한
제1차 프레젠테이션

'2살배기' 어린아이를 '5살배기'로 바꿔치기하다

쿠베르탱의 올림픽 부활을 위한 첫 프레젠테이션은 1892년 11월 25일 소르본 대학 지금의 파리 제4대학 대강당에서 이루어졌다. 그가 29세 때의 일이다. 그로부터 2년여 전에 결성되어 그가 회장을 맡은 '프랑스 스포츠협회연합'의 5주년 기념을 축하하는 자리에서 이루어진 프레젠테이션이었다.

위의 문단에서 만일 뭔가 이상한 점을 발견했다면 당신은 꽤나 영민한 사람이다. 그렇다. 왜 2주년이 아니고 5주년인가. 어쩌면 당신은 오타라고 생각했을지도 모르겠다. 아니면, 우리의 쿠베르탱이 2주년을 5주년으로 착각한 것이거나. 하지만 그렇지 않다. 오타도 아니고, 쿠베르탱이 착각한 것은 더욱 아니다. 설립된 지 2년밖에 안 된 조직을 쿠베르탱이 5주년으로 과감히 늘려 잡은 것이다. 그러니까 그는 이 스포츠협회연합의 정식 설립일로부터 한참을 더 거슬러 올라가 맨 처음 아이디어가 나오고 정식 준비가 시작된 시점부터 계산한 것이다.

왜 그랬을까? 당연하게도 그것은 그가 자신의 원대한 목표인 국제 올림픽 부활의 실현 가능성을 최대한 높이기 위해 부린 일종의 '꼼수'였다. 2라는 숫자를 5로 슬쩍 바꿔치기함으로써 각국에서 온 명망 높고 막강한 영향력을 가진 인사들에게 프랑스 스포츠협회연합이 나름 역사와 전통을 갖춘 단체인 것처럼 보이고 싶어 했던 것이다.

오랜 시간이 흐른 뒤 그는 자신의 회고록에 "2살배기 어린아이를 5살배기 꼬마로 슬쩍 바꿔치기했다."고 마치 자랑하듯 남겨 놓았다.

그는 프레젠테이션 장소 선정에도 굉장히 신경을 썼다. 그는 소르본 대학의 총장에게 특별히 부탁해 세계적인 명성을 가진 대학의 대강당을 행사장으로 사용할 수 있게 해달라고 요청했고 승인을 받아 냈다.

드디어 8일 동안 이어지는 축하 이벤트가 시작되었다. 파리 교외로 떠나는 소풍, 점심 모임, 육상, 크로스컨트리, 펜싱경기, 새 클럽하우스의 파티 등에 사람들이 구름처럼 몰려들었다. 그러나 "올림픽 부활"이라는 카피는 행사장 어디에서도 발견할 수 없었다. 즐거운 시간을 만끽하는 초청 인사들을 보면서 쿠베르탱은 자신의 프레젠테이션을 행사 여섯째 되는 날 밤에 시행하기로 정했다. 그들이 최대한 들뜬 기분에 취해 있을 때 자연스럽게 행사장으로 이끌어 올림픽 부활 프로젝트를 공개함으로써 지지를 끌어낸다는 작전이었다. 아무것도 모르는 참가자들이 마냥 들떠 웃고 즐기는 축하 이벤트 첫날부터 이미 프레젠테이션은 빈틈없이 시작되고 있었던 것이다.

소르본 대학의 대강당에서 행사가 시작되었다. 그 자리에 참석한 프랑스 대통령을 위해 프랑스 국가인 라 마르세예즈가 연주되었고, 이어서 러시아 국가가 식장에 울려 퍼졌다. 프랑스 스포츠협회연합의 후원자가 되어 주겠다고 약속한 대통령과 러시아의 블라디미르 대공(그 자리에 실제로 참석한 것은 대공의 부관을 맡은 왕자였다)에게 먼저 경의를 표했다. 그리고 오데온 극장의 인기 배우가 그날의 주인공인 '연합'을 칭송하는 노래를 불렀다. 사전에 모집했던 스포츠 논문 경연대회 우수상 수상자에게 쿠베르탱이 직접 기념품을 건네주는 시상식이 있었고, 그 후 세 번의 강연이 연속적으로 진행되었다. 고대 스포츠, 중세 스포츠에 대한 강연에 이어 마지막 강연자로 쿠베르탱이 등장했다.

쿠베르탱은 근대 스포츠에 대해 언급하면서 국제 경제의 큰 흐름에 발맞추어 스포츠를 통해 각국이 우호를 다지고 세계 평화 체제를 이룩해 가야 한다고 호소했다.

"선수들을 해외에 보냅시다. 앞으로 나라들 간에 '자유무역'이 도입

되면 평화 실현을 위한 새로운 기반이 만들어질 겁니다."

그리고 마지막으로 이렇게 말했다.

"선수들의 변함없는 후원자인 제가 여기서 멈추지 않고 더욱 노력해 반드시 이루어 내고 싶은 일이 한 가지 있습니다. 그것은 바로……, 국제 올림픽 대회의 부활입니다!"

쿠베르탱은 당시의 모습을 이렇게 회상했다.

    강연 전 청중에게서 나올 수 있는 다양한 반응을 예상해 보았는데, 하나같이 비관적인 것들이었다. 일테면, 현실성 없는 꿈같은 이야기라고 비난하지 않을까? 허풍선이라고 어이없어하며 비웃지 않을까? 반발? 아니면 무시?…….

    그러한 나의 예상은 모두 빗나갔다. 청중석에서 우레와 같은 박수 소리가 터져 나왔고, 성공을 기원한다는 말도 여러 사람에게서 들었다. 그러나 그뿐이었다. 우레와 같은 박수 소리와 성공 기원, 그 이상도 그 이하도 아니었다. 단언하건대, 나의 주장과 호소를 제대로 이해한 사람은 그 자리에 단 한 사람도 없었다.

프레젠테이션이 끝나고 열린 축하 자리에서 쿠베르탱은 "당신은 올림픽이 어떤 것이라고 생각합니까?"라고 한 사람 한 사람에게 묻지 않을 수 없었다.

대개는 쿠베르탱이 말한 올림픽을 선수들의 적극적인 국제 교류

정도로 받아들이고 있었다. 고대 올림픽에 여러 도시국가의 선수들이 참가했듯 각국 선수들의 국제적인 교류를 촉진하고 싶다―. 그렇게 이해하고 박수를 보낸 것이다. 개중에는 아마도 대규모의 고대극을 하려는 모양이라고 생각한 사람도 있었을 것이다.

쿠베르탱은 대략 이런 정도로 당시 상황을 회상했는데, 거기에는 의도적으로 감추고 있는 부분이 있다고 한다. 가장 신뢰할 만한 쿠베르탱 연구자로 인정받는 맥칼룬은 앞서 소개한 『위대한 상징』에서 이렇게 지적했다.

> 이미 얘기했듯이 올림픽 부활은 프랑스 내에서만 해도 쿠베르탱이 맨 처음 생각한 것은 아니었다. 이미 6, 7년 전부터 여러 스포츠 단체의 간부들이 꾸준히 해 온 이야기였다. 따라서 쿠베르탱의 프레젠테이션은 청중에게 다소 신선감이 떨어졌다. 올림픽 부활 문제를 제기했던 그 이전의 사람들이 아무 성과도 올리지 못한 것처럼 그의 프레젠테이션 역시 동일한 결과를 초래하게 되었다. 사람들은 그의 계획에 반대하는 대신 웃고 잊어버렸다.

쿠베르탱의 회고록을 보면 사람들이 자신을 올림픽 부활의 최초 제안자로 생각해 주기를 바라고 있었다는 것을 알 수 있다. 1,500년 전에 중단된 올림픽을 부활시킨다는 아이디어는 사람들의 올바른 이해와 동의를 얻지 못해 결국 실패하고 말았다.

"나는 실행력뿐 아니라 발상력도 대단하지. 올림픽에 대해 처음 프레젠테이션 했을 때는 모두 그게 뭔지 감도 못 잡을 정도였거든!"

이런 말이 내 귀에 생생하게 들려오는 것만 같아서 은근히 순진하고 유치한 면이 있는 이 남작이 살짝 귀여워지기까지 한다. '만일 쿠베르탱 씨 이전에 그것을 제안한 사람이 있다면 발상력은 그쪽이 더 대단한 거죠. 당신은 다만 아무도 엄두를 내지 못했던 올림픽 부활 프로젝트를 멋진 프레젠테이션을 통해 현실화한 거고요. 그러니까 당신은 발상력보다는 실행력과 추진력 면에서 인정을 받아야 정당하지 않을까요!' 솔직히 나는 그렇게 생각하는데, 과연 쿠베르탱도 그렇게 받아들일지는 모르겠다.

물론 프레젠테이션이 성공하는 것은 그로부터 시간이 한참 지난 뒤의 일이다. 쿠베르탱의 첫 프레젠테이션이 실패로 끝난 이유를 정리해 보자.

제1차 프레젠테이션의 실패 원인

① 청중은 실제 본 적이 없는 올림픽을 리얼하게 상상할 수 없었다

1,500년 전에 중단된 올림픽에 대한 프레젠테이션은 청중에게 현실성이 떨어질 수밖에 없었다. 쿠베르탱은 올림픽 유적들을 꼼꼼히 둘러보며 고대의 운동선수들이 경기하는 모습을 머릿속에 생생히 떠

올려 본 경험을 갖고 있었다. 하지만 청중이 올림픽이란 단어에서 떠올리는 것은 신문에서 본 유적 사진이나 박람회의 경기장 모형, 혹은 그리스 붐과 함께 열린 올림픽이라 이름 붙여진 괴상한 이벤트 정도가 고작이었다.

② 프레젠테이션은 상대가 주인공이라는 점을 쿠베르탱은 미처 깨닫지 못했다

쿠베르탱은 스포츠 교류를 통해 세계 평화를 실현하고 싶다는 자신의 사명을 열정적으로 이야기했는데, 바로 여기에 함정이 있었다. 프레젠테이터가 남들 앞에서 무언가에 대해 이야기할 때 자칫 지나치게 그 내용에 심취하고 자신에게 도취되어 오버하는 경우가 있다. 쿠베르탱의 첫 번째 프레젠테이션이 그랬다.

프레젠테이션 성공을 위한 가장 중요한 3요소는 '호흡'과 '눈높이', 그리고 '타이밍'이다. 아무리 내용이 좋아도 청중과 눈높이가 맞지 않고 호흡이 일치하지 않으면, 그리고 더 나아가 적절한 타이밍을 놓치게 되면 프레젠테이션은 실패로 돌아갈 수밖에 없다. 그런 까닭에 프레젠테이터가 프레젠테이션을 할 때는 자기 감정에 도취되어 오버하지 않도록 주의해야 한다. 그럴 경우, 청중은 따라오지 못하는 상태에서 자기만 마구 달려 나가기 쉽다. 열정을 담아 이야기하되 냉철하게, 자신에게서 한 발 떨어져 바라보는 기분으로 프레젠테이션을 끌고 나가야 한다. 그리고 날카로운 촉수로 끊임없이 청중의 미세한 반응을 체크해야 한다.

　청중이 보내는 박수 소리의 의미도 잘 해석해야 한다. 정말로 프레젠테이션 내용에 공감하고 감동받아 보내는 박수일 수도 있지만 '그래, 너 잘났다. 네 멋대로 한 번 해 봐라!' 하는 식의 살짝 비아냥스러운 박수일 때도 있다. 당시 쿠베르탱의 프레젠테이션에 대한 청중의 박수 소리에서는 약간 후자의 분위기가 있었다. 말하자면 대단한 열정과 자신감으로 넘쳐나는 쿠베르탱의 프레젠테이션을 들으며 청중은 깊이 공감하고 감동받기보다는 조금 시니컬해져서 '그래, 당신의 솜씨 좀 한 번 보자' 하는 심정이 돼 있었던 것이다. 그는 그 자리에서 '우리가 올림픽을 부활시킨다'라는 분위기를 만드는 대신 '내가 올림픽을 부활시키겠다'라는 인상을 심어 주었던 것이다.

　프레젠테이션의 주인공은 말하는 사람이 아닌 듣는 사람이 되어야 한다. 또한 고양된 기분이 되어야 하는 것은 프레젠테이션을 하는 사람이 아니라 프레젠테이션을 받는 상대여야 한다.

　나도 프레젠테이션에 약했다. '꽤 재밌었다'라고 말해 주는 사람도 간혹 있었지만 '재밌다'는 표현 자체가 프레젠테이션이 완벽하지 못하다는 증거이기도 했다.

　그런데 한 번은 이런 일이 있었다. 같은 프로젝트 팀에서 일하는 사람이 프레젠테이터를 맡게 되었을 때였다. 청산유수처럼 단 한 번의 막힘도 없는 그의 설명은 그야말로 혀를 내두를 정도였다. 한 영업부원과 나 두 사람만 남게 된 자리에서 "나도 저렇게 말을 잘하면 얼마나 좋을까!" 하고 한숨을 내쉬자 그는 이렇게 말했다.

"진짜 그렇게 생각해요?"

내가 당연하다는 표정으로 그렇다고 대답하자 그가 다시 이렇게 말했다.

"그런 생각 하지 마세요. 그 사람, 말이 너무 가벼워요. 청중의 질문을 받을 때도 잠깐의 사이도 두지 않고 바로 대답하잖아요. 그럴 때 질문 내용을 진지하게 듣지 않는다는 느낌이 들어요. 그러니 당연하게도 청중의 반응도 썩 좋지는 않습니다. 근데, 이번 프레젠테이션을 왜 하야시 씨가 하지 않았죠?"

그의 말에 나는 내심 놀랐다. 어색한 데다 조금 어눌하기까지 한 나의 프레젠테이션을 청산유수 같은 말솜씨를 가진 동료의 그것보다 오히려 더 높이 평가해 주었기 때문이다.

그 후 나는 그의 말을 종종 떠올리며 되새겨 보곤 했다. 그리고 조금은 더 자연스러운 프레젠테이션이 가능해진 후에도 말하는 도중 스스로 기분이 고양될 때는 '노란색 신호'로 바뀌었다고 의식해 얼른 브레이크를 걸었다.

③ 5W 1H가운데 3W 1H가 없다

신문기사를 쓸 때 5W 1H육하원칙. 언제When, 어디서Where, 누가Who, 무엇을What, 왜Why, 어떻게How는 기본이다. 프레젠테이션 역시 5W 1H는 기본 중의 기본이다. 쿠베르탱의 프레젠테이션에는 이 가운데 3W 1H가

빠져 있다. 스포츠의 국제 교류에 의한 세계 평화 촉진을 위해Why 올림픽 대회의 부활What을 실현시키고 싶다. 그가 확실하게 말한 것은 이 두 가지뿐이다.

언제When, 어디서Where, 어떻게 준비해How, 어떤 조직Who이 주최하느냐 하는, 세부 스케줄을 포함한 구체적인 계획이 모두 빠져 있다. 이래서는 제대로 된 프레젠테이션이 될 수 없다. 단순히 자신의 꿈을 피력했다는 이미지밖에 줄 수 없기 때문이다.

④ 사전 협의가 전혀 없었다

5주년을 맞은 프랑스 스포츠협회연합 자체가 여러 스포츠협회를 모아 결성한 것이라서 결속력이 없을 뿐 아니라 심한 경우 다른 스포츠를 경멸하는 태도를 노골적으로 보이기까지 했다. 사정이 그렇다 보니 내부가 정돈되지도 않은 조직들을 상대로 '일치단결하여 올림픽을 해 보자'라는 현실성 없는 제안이 돼 버린 셈이었다.

"갑작스런 계획 발표 또한 이렇다 할 효과가 없었다. 사람들은 나의 계획에 대놓고 반대하는 대신 상냥히 박수를 보냈다."

쿠베르탱은 당시의 상황을 이렇게 회상했다.

실패를 **지렛대** 삼아 **멋지게 성공**한
제2차 프레젠테이션

새로운 기회는 기다리는 것이 아니라 만드는 것

쿠베르탱은 다시 프레젠테이션 할 수 있는 기회를 기다렸다. 아니, '기다렸다'라는 단어를 사용하긴 했지만 사실 그가 그야말로 그냥 기다리기만 한 것은 아니었다. 바로 이 부분이 쿠베르탱의 특별한 점으로, 그는 사과나무 밑에서 언젠가 사과가 익어 떨어지겠지, 하며 기다리는 타입의 사람이 결코 아니었다. 그는 사과를 얻기 위해 열정적으로 사다리 등의 도구를 만들고 적극적으로 기회를 노려 사과를 따는 사람이었다.

프랑스 스포츠협회연합 회장인 쿠베르탱은 로커에 산더미처럼 쌓여 있던 파일을 발견했다. 한 위원이 제안했던 아마추어 문제 해결을 위한 국제회의 개최에 관한 서류였다. 사람을 모으기 위한 방법으로 '아마추어 자격' 문제는 더 할 나위 없이 좋은 아이디어였다.

아마추어 자격에 관해서는 많은 어려운 문제가 얽히고설켜 있었다. 순수한 아마추어 외에는 연합에 가입시켜선 안 된다는 주장부터 가입 자체는 상관없지만 대회는 아마추어와 프로로 나눠 진행해야 한다는 주장까지, 그리고 아마추어와 프로의 구분 없이 진행해야 한다는 주장까지……. 이 문제에 대해 다양한 주장이 난무하고 그토록 해결이 쉽지 않았던 이유는 '아마추어의 정의' 자체가 애매했기 때문이다.

만일 어떤 운동선수가 스포츠 대회에 참가하여 상금을 받아 생활한다면 그는 분명 프로이다. 그렇다면 스포츠 이론을 가르치고 학생들을 신체적으로 단련하고 훈련시키는 일을 함으로써 월급을 받는 체육교사는? 또 육체노동자의 경우 아마추어로 볼 수 없다는 견해도 있었다. 돈을 벌면서 동시에 근육을 단련하는 사람들이기 때문이다.

사실 아마추어 자격을 둘러싼 논쟁의 진실은 정작 다른 데 있었다. 아마추어 경기는 상류계급이 만들어 낸 일종의 우아한 취미 활동인 까닭에 노동자 계급과 공유하는 것을 용납할 수 없다는 의식이 있었다. 그것을 대놓고 말할 수 없으니까 아마추어 자격이라는 허들을 만들어 노동자를 배제하려 했던 것이다. 아무튼 본격적인 스포츠 보급을 위해서는 대중화가 무엇보다 중요하다고 생각하는 쿠베르탱의 인식과는 큰 차이가 있었다.

논쟁이 있는 곳에는 사람이 모이기 마련이다. 쿠베르탱은 기탄없는 논의가 예상되는 이 의제를 국제회의의 '고객 몰이 팬더동물원의 팬더가 고객을 불러모으는 효과를 갖는 데 착안해 가게나 이벤트에서 관심을 모아 고객을 끌기 위한 인물을 말한다'로 사용할 생각이었다. 아마추어 자격 문제를 정식으로 논의하기 위한 '파리 국제애슬레틱회의'의 개최가 결정되었고, 쿠베르탱이 회장으로 일하고 있는 스포츠협회연합에서 주최하기로 되었다. 그리고 그 사무국은 쿠베르탱의 자택에 두었다.

그는 반년밖에 남지 않은 이 회의의 진짜 주제인 올림픽 부활에 대한 사전 협의를 끌어내기 위해 분주히 움직이기 시작했다. 서둘러 미국을 시작으로 유럽 및 그 식민지의 명사들과 스포츠 관계자들에게 회의 안내장을 보냈다. 발기인은 미국 프린스턴 대학 교수, 영국 아마추어 육상경기연맹 회장, 그리고 쿠베르탱 이렇게 세 명이었다.

첫 프레젠테이션에서 실패한 뒤 쿠베르탱은 각국을 돌며 올림픽 부활 프로젝트에 대해 설명했다. 그의 아이디어와 계획에 적극 찬성한 사람들이 최초의 발기인이 되어 주었다. 하지만 안내장의 반응은 놀랄 만큼 신통치 않았다. 쿠베르탱은 자신의 인맥을 총동원해 그 일에 도움을 줄 수 있는 인물들을 차례로 만나 협력을 요청했다. 발기인 외에 회의 위원장과 6개국 8명의 스포츠 관계자로 구성된 부위원장, 5명의 귀족이 임원으로 정해졌다. 또 명예회장으로 그리스 국왕과 황태자, 벨기에, 영국, 러시아 각국의 원수가 이름을 빌려 주기로 했다. 그러나 회의 날짜가 다가와도 참석하겠다는 입장을 표명하는 스포츠 단체는 많지 않았다. 그는 회신용 엽서까지 동봉해 안내장을 계속 보내야 했다. 그의 표현을 빌리자면, 그렇게 보낸 편지의 양은 '정신을 잃을 정도'로 많았다고 한다.

올림픽 부활을 위한 3가지 프레젠테이션 옵션

사전 협의가 끝났다. 당신이라면 어떤 올림픽 부활에 대한 프레젠테이션을 할까. 나라면 어떻게 했을지 생각해 보았다.

첫 프레젠테이션이 실패로 끝난 가장 큰 원인은 올림픽이 어떤 것인지를 청중에게 제대로 이해시키지 못한 데 있었다. '내가 부활시키고 싶은 것은 이거다!' 하는 선명한 주제를 제시할 필요가 있다. 그렇게 하기 위한 아이디어는 다음과 같다.

①안 : 올림픽 '시험 캠페인'

사람은 자신이 모르는 대상에는 호감을 갖지 않는 법이다. 그러니 올림픽이 어떤 것인지를 먼저 알려야 한다. 직접 체험해서 알게 함으로써 호감을 갖게 만드는 방법으로는 백화점이나 마트의 시식 코너가 대표적이다. 그 방법을 식품 이외에도 확대한 것이 '시험 캠페인'

이다. 일단 상품을 써 보게 하는, 신제품 판촉 방법에서 주로 사용되는 방식이다.

올림픽의 시험 캠페인은 어떨까. 진짜 올림픽을 체험할 수는 없지만 어느 정도 근접한 분위기는 실감할 수 있다. 가령, 미니 올림픽을 열어 관중으로 하여금 스포츠의 맛과 즐거움을 느낄 수 있게 한다. 경기장에는 만국기를 달아 나부끼게 하고 입장 진행, 개회식 등의 모의 행사도 충실히 준비한다. 그런 다음 '이것보다 100배 더 큰 짜릿함과 즐거움을 본 경기에서 맛보자!' 하는 식으로 프레젠테이션을 하는 것이다.

②안 : '시험 캠페인+고대 그리스 이벤트'

①안에 올림픽이 아니면 얻을 수 없는 부가가치를 더한다. 경기장 입구 근처에 가설 미술관을 만들어 고대 그리스 조각 및 예술 작품을 전시한다. '육체의 아름다움을 표현한 고대 그리스 예술에 감동한 여러분, 저 문 너머의 경기장에서는 그야말로 살아 움직이는 예술이 펼쳐질 것입니다.'

이런 식으로, 단순한 스포츠 대회가 아닌 예술적인 모습부가치을 연출해 부활시키는 문화적 의의를 어필한다.

③안 : 컴퓨터 그래픽으로 재현한다

쿠베르탱 시대에는 불가능했지만 올림피아 경기장에서 실제로 선수들이 실력을 겨루는 모습을 컴퓨터 그래픽으로 만들어 고대 올림픽을 체험할 수 있게 한다. 그런 다음 "바로 이것을 부활시키려는 겁니다!" 하고 말하면 설득력이 높아질 수밖에 없다.

이번에는 이상의 플랜을 점검해 보자.

①안은 미니 올림픽을 체험하게 함으로써 지지도는 급속하게 올라갈 것이다. '실제로 보니까 재밌군!' 하는 반응을 기대해 볼 수 있다. 그러나 다른 국제 스포츠 대회와 차별하기가 쉽지 않다.

②안은 보통의 스포츠 대회가 아니라는 점을 효과적으로 어필할 수 있다. 또한 스포츠에 대한 쿠베르탱 자신의 생각도 전달할 수 있는 장점이 있다. 그런 만큼 살짝 논리적이라는 느낌도 든다. 지금까지 내가 말한 '상대를 움직여 그런 마음이 들게 하는 것'이 아닌 '단순한 설득'에 가까운 플랜이다.

③안은 요즘이라면 누구나 쉽게 생각할 수 있는 플랜이다. 도쿄 올림픽 유치를 위한 프레젠테이션에서도 컴퓨터 그래픽이 사용되었다. 하지만 과연 이 경우가 효과적일까. 올림픽 부활 계획이 결정되고 구체적으로 어떤 경기장을 어디에 짓느냐 하는 단계에서 사용하기에는 상당히 효과적일 것이다. 완성될 시설을 한눈에 살펴볼 수 있기 때문이다. 그러나 여기서 전달해야 하는 것은 '올림픽은 훌륭하다' 하는 감동이다. 그 감동이 '올림픽을 부활시키자' 하는 주인의식으로 이어

져야 하고 열정을 불러일으켜야 한다. 그런데 컴퓨터 그래픽 영상을 본 사람들은 각자 머릿속에서 상상력을 발휘하기 어렵다. 전부를 보여 줌으로써 기대감이 사라져 오히려 역효과를 내는 경우가 적지 않기 때문이다. '치라리즘チラリズム. 흘끗, 슬쩍이라는 뜻의 부사 ちらりと에서 생겨난 말로, 노골적인 노출보다 우연히 슬쩍 보이는 것이 한층 상상력을 자극한다는 뜻 — 옮긴이'에는 무시할 수 없는 힘이 숨어 있다.

아무튼 나는 이런 방법들을 생각해 보았는데, 당사자인 쿠베르탱은 어떤 프레젠테이션을 했는지 준비 과정부터 살펴보자.

대담하고 독창적인 아이디어들

프레젠테이션 준비 단계부터 쿠베르탱은 대담하고 독창적인 아이디어를 도처에 심어 두었다.

① 축전과 공식 연회를 첫날 열었다
보통은 회의 마지막 날에 열리는 의식들을 첫날 개최했다. 첫날 참가한 사람들의 마음을 강하게 사로잡아 이후의 일정을 순조롭게 진행하려는 목적에서였다. 매스컴의 관심도 시작하는 시점에서 단번에 잡고 싶다.

② 위원회를 둘로 나눴다

위원회를 아마추어 문제를 토의하는 위원회와 올림픽 부활을 주제로 하는 위원회 둘로 나눴다. 여러 가지 의논이 예상되는 아마추어 문제를 한 위원회의 주제로 밀어 넣어 올림픽으로부터 분리한 것이다.

③ 개회식 입장권에 '올림픽 대회 부활 회의'라고 인쇄했다

축전과 공식 연회를 마치 올림픽 부활을 축하하는 듯한 인상을 주는 행사로 만들었다. 회의는 아직 시작되지도 않았지만 쿠베르탱은 올림픽 대회 부활 검토 회의라는 이름을 쓰지 않았다.

④ 장소는 소르본 대학 대강당

이번에도 대학 총장에게 부탁해 소르본 대학 대강당을 회장으로 사용했다. 가볍게 볼 수 있는 스포츠의 진가를 많은 사람들이 인정하게 하려면 이성보다는 감성에 호소하는 것이 훨씬 효과적이다. 올림픽 회의+소르본 대학 대강당이라는 조합이 올림픽의 이미지를 높여 줄 효과를 사전에 충분히 계산해 두었다.

⑤ 그리스 국왕의 감사 축전

올림픽 부활에 대한 찬반을 묻는 투표가 이루어지기 이틀 전 아직 회의가 진행되고 있는 도중 그리스 국왕이 보낸 전보 내용이 사람들 앞에서 발표되었다. 올림픽 부활을 결정한 데 대해 쿠베르탱과 회의 참가자들에게 감사를 표하는 내용이었다. 물론 쿠베르탱의 아이디어였다.

이렇게 열거하다 보니 프레젠테이션을 시작하기 전의 '자리 만들기'가 얼마나 교묘하고 철두철미한지 혀를 내두를 정도이다. 확신범적인 부정출발도 끼워 넣어서 올림픽 부활 결의가 기정사실인 양 유도한다.

음악 프레젠테이션으로 승부하다

1894년 6월 17일, 파리 국제애슬레틱회의 첫날 개최된 축전에서 쿠베르탱의 제2차 프레젠테이션이 시작되었다. 모두冒頭 인사는 다음과 같았을 것이라고 상상한다.

> 신사숙녀 여러분, 오늘 이렇게 올림픽 대회 부활 회의에 참석해 주셔서 대단히 감사합니다! 고대 그리스, 하면 여러분은 무엇이 떠오르십니까? 그리스 신화인가요? 플라톤, 소크라테스, 아리스토텔레스 같은 철학자들인가요? 아니면, 최근 발굴된 올림피아의 눈부신 유적입니까? 유럽에 태어난 우리의 지성과 예술의 고향이 바로 고대 그리스입니다.
>
> 올림피아 유적의 발굴로 스포츠와 평화의 제전인 올림픽도 1,500년 역사 속에서 부활해 햇빛을 볼 수 있게 된다면 얼마나 근사할까요!

고대 그리스는 부활의 때를 기다리고 있었습니다. 사실은 올림픽에 앞서 부활한 고대 그리스가 있습니다. 현대에 부활한 고대 그리스를 지금부터 여러분에게 소개하겠습니다.

프랑스의 영민한 지혜를 상징하는 소르본 대학의 대강당에 흐르는 장엄한 선율이 청중의 온몸을 휘감았다. 델포이의 아폴론 찬가. 고대 그리스 세계의 중심이자 신전과 신탁으로 유명한 델포이에서 발굴된 석판에는 아폴로 신을 찬양하는 가사와 후에 음표로 판명된 기호가 새겨져 있었다. 그것을 쿠베르탱의 부탁을 받은, 레퀴엠으로 유명한 작곡가 가브리엘 포레가 오선지 위에 옮겨서 합창곡으로 만들어 주었고, 오페라 극장의 잔 르마르크가 하프의 선율에 맞춰 합창단원들과 노래를 불렀다.

음악으로 빚어낸 아름다운 헬레니즘의 세계가 시공을 초월해 눈앞에 나타났고, 2천여 명의 청중들은 고대 그리스의 숨결을 느낄 수 있었다. 거기에는 살아 움직이는 '고대 그리스'가 있었다. 부활한 고대 그리스의 음악이 이렇듯 아름답고 감동적이라면 올림픽은 더더욱 찬란하고 감동적이지 않을까!

음악을 이용한 프레젠테이션. 그것은 쿠베르탱이 숨겨 놓은 히든 카드였다. 축전을 첫날로 설정한 것부터 위원회를 둘로 나누고, 개회식 입장권에 '올림픽 대회 부활 회의'라고 인쇄하고, 소르본 대학의 대강당을 고집한 것 모두가 '음악 프레젠테이션'을 효과적으로 연출하기 위한 복선인 셈이었다. 그는 프레젠테이션 내용부터 역산해서 모든 준비를 빈틈없이 해 나간 것이다.

이 최초의 몇 시간으로 회의는 절정에 달했다. 이미 올림픽 부활에 반대하는 자는 아무도 없음을 알 수 있었다.

—『올림픽 회상록』 중에서

다음 날부터 시작된 회의는 처음부터 끝까지 쿠베르탱의 시나리오대로 진행되었다. 올림픽은 4년마다 개최하고, 경기 종목은 근대 스포츠로 하며, 아동 종목은 제외한다. 또한 IOC의 설립과 대회마다 개최지를 옮기는 등 지금까지도 바뀌지 않고 있는 올림픽의 전체적인 틀과 세부 사항이 거의 반대의견 없이 하나하나 차례로 결정되었다.

참고로, 내가 앞에서 소개한 '시험 캠페인'도 쿠베르탱은 빈틈없이 실시했는데, 이것은 프레젠테이션의 보조적인 역할을 충실히 수행했다. 와인 잔을 손에 들고 하는 스포츠 관람. 경기와 경기 사이에는 팡파르와 군악대가 연주하는 음악이 흐르고, 종료를 알리는 불꽃도 터졌다. 경기와 전시회를 관람할 수 있는 점심 모임, 선수들의 퍼레이드, 만찬회 등……. 초대받은 사람들은 이곳저곳에 마련된 회장에서 시험 캠페인을 즐겼다.

사람들은 한껏 들뜬 기분으로 회의 마지막 날을 맞이했고 만장일치로 올림픽 대회 부활이 가결되었다. 게다가 '1900년에 열릴 제1회

대회까지 6년이나 기다릴 수 없다'는 보너스 결정까지 얻어냈다. 그러나 제1회 대회를 자신의 모국인 프랑스 파리에서 개최할 계획이었던 쿠베르탱에게 그것은 뜻밖의 결정이었다. 아무튼 2년 후에 첫 번째 올림픽을 개최한다는 데 대해 아무도 다른 의견을 내놓지 않았고, 고대 그리스 올림픽의 부활이라는 취지를 최대한 살리기 위해 아테네에서 제1회 대회를 개최하자는 제안이 만장일치로 통과되었다.

1894년 6월 23일, 마침내 근대 올림픽의 부활이 결정되었다. 오늘날 올림픽의 날로 기념하는 날이 바로 이날이다.

솔직히 나는 '올림픽 시험 캠페인' 정도까지밖에 생각하지 못했다. 한데 그것만으로는 역시 비장의 카드가 될 수 없음을 쿠베르탱의 '음악 프레젠테이션'을 통해 명확히 알게 되었다. 시험 캠페인에 결정적으로 빠져 있는 것은 사람의 마음을 움직이는 힘이다. 진짜 올림픽이 주는 감동은 미니 올림픽만으로는 제대로 맛볼 수 없다. 음악을 통해 감동을 느끼게 한다는 쿠베르탱의 발상은 정확히 들어맞았고 매우 훌륭한 것이었다.

그는 오륜 마크도 직접 디자인했다. '보다 빠르게Citius, 보다 높게 Altius, 보다 강하게Fortius'라는 올림픽 표어를 생각해 낸 것도 바로 그다. 오륜 마크와 표어는 백 년이 훨씬 지난 지금도 여전히 새롭고 신선한데, 그가 그 방면에 얼마나 천재적인 감각을 가진 사람이었는지 알 수 있다. 뛰어난 디자인과 표어를 만들 때 반드시 필요한 것은 '과감히 버리는 용기'다. 오륜 마크에는 스포츠의 요소가 전혀 없다. 5대륙 유럽, 아시아, 남북아메리카, 아프리카, 오세아니아을 나타내는 5색 고리를 하나로 연결해 세계의 우호 협력과 평화의 정신을 표현하고자 했다. 반면 '보다 빠르게, 보다 높게, 보다 강하게'라는 표어는 스포츠 정신만을 담고 있다. 쿠베르탱이 생각하는 올림픽 정신에서 보았을 때 '평화 우호', '스포츠', '교육'은 빼놓을 수 없는 3요소인데, 그것을 굳이 하나로 압축해 버린 것이다. 상징 마크에는 평화 우호를, 표어에는 스포츠를, 하는 식으로 역할에 맞는 주제를 압축해 넣음으로써 최대한 강력하게 어필할 수 있었다.

이런 쿠베르탱의 '버리는 용기'는 올림픽 부활 프레젠테이션에서도 유감없이 발휘되었다. 심지어 그는 올림픽의 3요소마저 과감히 버렸다. 다른 무엇보다 감동이 프레젠테이션의 성공 여부를 결정적으로 가르는 핵심 요소임을 간파한 그는 음악에 감동을 담아 사람들의 심장을 단번에 꿰뚫는 화살을 쏘았던 것이다.

프레젠테이션의 목표는 '유혹'이다

"참석자를 이해시키는 것이 아니라 유혹하는 것!" 이것은 쿠베르탱이 제2차 프레젠테이션을 준비하며 세운 목표였다고 한다.

나는 지금까지 프레젠테이션에서 가장 중요한 것은 '상대를 단순히 설득하는 것이 아니라 상대로 하여금 자신과 비슷한 마음이 들도록 만드는 것'이라고 여러 차례 강조했다. 쿠베르탱은 '설득'과 '그런 마음이 들도록 하는 것'을 명확히 구별해서 생각했다. 스스로 그런 마음이 들도록 하는 것, 그것은 바로 '유혹'이다.

1,500년 동안 중단되었던 올림픽은 역사 저편에 묻힌 아득한 이야기로 남아 있었다. 그것을 부활시키는 것은 어떤 의미를 가질까. 누가 과연 그것을 이성적으로 판단하고 이해할 수 있을까. 반면 고대 그리스 문화에 대한 사람들의 동경은 정점에 달해 있었다. 부활한 고대 그리스의 음악이 이토록 아름답다면 부활한 올림픽은 얼마나 더 멋지고 감동적일까!

쿠베르탱의 데이트에 초대된 참가자들은 그가 마련한 비장의 무기인 콘서트에 진도 9.0 지진을 만난 건물처럼 마음이 흔들렸다. 그가 귓가에 대고 이렇게 속삭인다.

"이 꿈이 어떻게 이어질지 올림픽에서 같이 볼까요, 마드모아젤?"

근대 올림픽은 쿠베르탱의 '파리의 유혹'에 의해 탄생되었다.

교훈

- 상대를 이해시키려 하지 말고 유혹하라!
- 박수갈채를 받는 것만으로는 2% 부족하다. 진짜 설득은 상대가 나와 같은 마음이 되었을 때 가능하다!
- 새로운 기회를 가만히 앉아 기다리지 마라. 가능한 모든 방법을 동원하여 감을 따듯 적극적으로 기회를 만들어 내라!
- 자신이 동원할 수 있는 외적 권위를 최대한 활용하라!

하시바 히데요시가 프레젠테이션을 한다면
어떤 커뮤니케이션 기술을 펼칠까?
지략이 뛰어나 사람을 단박에 '홀리는' 용인술과
소통술의 귀재에게서 강력하고 매혹적인 프레젠테이션의
힌트를 얻을 수 있지 않을까? 놀랍게도 히데요시가 펼쳤던
프레젠테이션의 구체적인 상황이 문서로 남아 있었다.
그것도 단순한 프레젠테이션이 아니라
그가 패권을 차지하기 전 최대의 라이벌이자 정적이었던
시바타 가쓰이에와 치열하게 경합을 벌였던 프레젠테이션으로,
기요스 회의라는 역사적인 자리에서 이루어졌다.
서열 4위에 지나지 않았던 히데요시는 어떻게 서열 1위에
자신보다 훨씬 유리한 위치를 점하고 있던
막강한 라이벌 가쓰이에를 누르고 노부나가의
후계자 자리를 차지한 뒤 전국을 제패할 수 있었을까?

PART 3

TOYOTOMI HIDEYOSHI

히데요시의
천하 제패
프레젠테이션

Toyotomi Hideyoshi

하시바 히데요시도요토미 히데요시가 패권을 차지하기 전에 사용했던 이름 — 옮긴이가 프레젠테이션을 한다면 어떤 커뮤니케이션 기술을 펼칠까? 지략이 뛰어나 사람을 단박에 '홀리는' 용인술과 소통술의 귀재에게서 강력하고 매혹적인 프레젠테이션의 힌트를 얻을 수 있지 않을까? 그런 점에 대한 호기심에서 출발하여 히데요시에 대해 조사하기 시작했다.

놀랍게도 히데요시가 펼쳤던 프레젠테이션의 구체적인 상황이 문서로 남아 있었다. 그것도 단순한 프레젠테이션이 아니라 그가 패권을 차지하기 전 최대의 라이벌이자 정적이었던 시바타 가쓰이에와 치열하게 경합을 벌였던 프레젠테이션으로, 기요스 회의오다 가문의 후계자 문제 및 영지 재분배를 논의하기 위한 회의 — 옮긴이라는 역사적인 자리에서 이루어졌다.

일본 역사에 대해 잘 아는 사람이라면 새삼스럽게 웬 기요스 회의냐며 의아해할 텐데, 그 의문에 이렇게 답하고 싶다. 기요스 회의는 프레젠테이션 경합의 장이었다. 그런 점에 착안하여 보면 기요스 회의가 백배는 더 재미있게 다가올 수 있다, 라고. 효과적인 프레젠테이션에 대한 팁은 물론 가쓰이에와 히데요시가 펼쳤던 프레젠테이션 경합 상황을 꼼꼼히 살펴볼 수 있기 때문이다.

기요스 회의를 자세히 들여다보기 전 회의가 열리기까지의 상황을 먼저 살펴보자. 그렇게 함으로써 회의에 출석하여 그 두 사람의 프레젠테이션을 들은 여러 무장들의 생각도 엿볼 수 있다.

혼노지의 변에서 기요스 회의까지

히데요시, 라이벌 가쓰이에의 허를 찌르다

덴쇼헤이안 시대의 연호 10년인 1582년 6월 2일 이른 아침, 혼노지를 덮친 아케치 미쓰히데주군으로 모셨던 당시 최고 권력자 오다 노부나가를 교토의 혼노지로 유인해 고립시킨 뒤 자결하게 만든다. ― 옮긴이에 의해 49세의 나이로 오다 노부나가가 죽는다. 미쓰히데 휘하 별동대의 공격을 받은 장남 오다 노부타다도 사면초가의 상황에 몰려 니조성에서 자결하고 만다.

그 무렵 히데요시는 오카야마 현의 빗추타카마쓰 성에서 물을 이용해 모리 군의 성을 공격하고 있었다. 그는 군대를 동원하여 강의 흐름을 막고 성 쪽으로 물길을 돌려 성 주위의 논이 모두 물에 잠기게 했다. 오래 지나지 않아 논은 호수가 되었고, 저지대에 지어진 성은 완전히 물에 잠겨 버렸다. 설상가상으로 군량미까지 바닥이 난 모리 군은 최후의 전투를 준비하고 있었다. 히데요시 군 2만 명과 모리 군 3만 명은 인공 호수를 사이에 두고 서로를 노려보며 대치중이었다.

6월 3일 밤, 히데요시에게 노부나가의 변고 소식이 은밀하게 전해졌다. 그는 일단 그 사실을 감추었다. 천운이 따랐는지 다음 날 아침 더 이상 버틸 수 없다고 판단한 모리는 성에 있는 병사들은 살려 달라며 자결했다. 히데요시는 즉시 모리 군과 휴전협정을 체결하기 시작했다. 그는 당장이라도 노부나가가 대군을 이끌고 들이닥칠 거라는 분위기를 풍기며 시종일관 고자세로 협상에 임했다.

협상을 최대한 유리하게 끝낸 히데요시는 언젠가 진상을 알게 될 모리 군의 추격에 대비해 만반의 태세를 갖춘 뒤 군대를 인솔하여 자신의 성이 있는 히메지를 향해 서둘러 철수하기 시작했다. 한시라도 바삐 그 자리를 벗어나야 하고, 또 미쓰히데 군을 공격하지 않으면 안 되었기 때문이다. 주고쿠 대회군(히데요시가 모리 씨와 협상을 맺은 후 미쓰히데 군을 치기 위해 교토를 향해 열흘에 걸쳐 대군을 이동시킨 회군 — 옮긴이)이 시작된 것이었다. 히데요시는 여러 필의 말을 바꿔 타며 쉬지 않고 달렸다. 그 와중에 그는 긴키 지역에 있는 노부나가의 가신들에게 협력을 요청하는 사신을 보냈다.

6월 7일 이른 아침, 히메지 성에 도착한 히데요시는 전쟁 준비를 지시한 뒤 9일 새벽 무렵 군대를 이끌고 출발했다. 이케다 쓰네오키를 비롯한 세 명의 무장들이 군대를 이끌고 히데요시 군에 합류했다. 히데요시는 대군을 이끌고 출발해 교토 야마자키에 진을 쳤다.

모리 군 때문에 꼼짝없이 발이 묶여 있을 히데요시가 돌아왔다는 보고를 받은 미쓰히데는 경악했다. 궁의 신하들을 움직여 문서세이이다이쇼군, 줄여서 쇼군 직을 받았다는 설에는 신빙성이 있다를 받은 이상 각 지역의 다이묘지방 영주들은 자신에게로 달려올 것이다. 오다 가의 중심인 무장들의 움직임은 아직 포착되지 않는다. 난적을 상대로 물러나고 싶어도 물러날 수 없는 상황이 자신에게 유리하게 작용할 것이다—. 미쓰히데는 그렇게 생각했다. 실제로 이름 있는 방면군일종의 지방군대로, 사령관은 만 단위가 넘는 병사를 거느렸다 사령관들은 모두 전투에 나가고 없었다.

오다 가의 필두 가신인 가쓰이에는 호쿠리쿠 방면 사령관으로 가가, 엣추에서 승리한 뒤 우에스기 가게가쓰우에스기 겐신의 양자의 에치고를 공격하려 하고 있었다.

관동 방면군의 사령관에 발탁된 다키가와 가즈마스는 조슈를 거점으로 관동의 다이묘들을 노부나가 군단에 편입시키기 위한 협상을 명령받았다. 호조 가문과 도호쿠의 다이묘들과의 화친과 전쟁에 대비하는 어려운 임무였다.

노부나가의 변고 소식이 전해졌을 때 가쓰이에와 가즈마스 모두 즉각 돌아갈 수는 없었다. 가쓰이에는 노부나가의 죽음을 간파하고 기세등등해진 우에스기 세력의 격렬한 반격을 받으며 퇴각했는데, 그 때문에 어렵게 싸워 뺏은 각 지역의 성에 수비대를 남겨 두지 않을 수 없었다. 따라서 그대로 전쟁을 치르기에는 병사의 수가 턱없이 부족했다.

그는 일단 자신의 성이 있는 에치젠기타노쇼로 돌아가 군세를 정돈한 뒤 교토로 향했다. 비와코 호수가 보이는 야나가세에 도착했을 때 그는 미쓰히데가 히데요시의 손에 죽었다는 소식을 듣고 크게 놀란다.

"히데요시가 감히 나를 제치고……."

오다 가가 가장 신뢰하는 가신 중 하나인 자기가 도착하기를 기다렸다가 자신의 지휘 하에 미쓰히데를 공격하는 것이 당연하다고 생각했던 것이다.

노부나가의 마음을 사로잡은 히데요시는 막중한 임무가 주어질 때마다 멋지게 그 일을 해내어 차츰 두각을 나타내기 시작했다. 게다가 천하통일 프로젝트 중에서도 가장 중요한 주코쿠 방면군의 사령관으로 발탁되었다. 모리 군을 대적할 수 있는 유일한 무장이라는 노부나가의 평가 때문이었다. 솟아오르는 아침 해의 기세로 출세 가도를 달리는 히데요시의 모습은 가쓰이에를 위협하기에 충분했다. 게다가 모리 군과 대치중인 히데요시가 쉽사리 회군할 수는 없을 거라는 안일한 생각이 치명적인 방심으로 이어졌다. 주군의 적미쓰히데을 제거한 자의 발언권은 강해질 수밖에 없다. 미쓰히데를 치게 해선 안 될 상대에게 선수를 빼앗기고 만 것이다. 이렇게 된 이상 후계자를 지명하는 자리에서 자신의 위상을 모두에게 보여 주는 수밖에 다른 도리가 없다.

가쓰이에는 '앞으로의 일을 상의하고 싶다'며 오다 가의 중신들을 오와리의 기요스 성으로 소집했다.

유력한 노부나가의 후계자 후보들

오다 노부나가의 후계자로 하마평에 오른 두 명의 후보자를 살펴보자.

① 노부나가의 차남 오다 노부카쓰 25세

오다 노부나가는 이세의 지방관 기타바타케에게 공격하지 않을 테니 대신 자신의 차남인 오다 노부카쓰를 집안의 후계자로서 양자로 삼을 것을 제안했고 기타바타케는 그 제안을 받아들였다. 오다 왕국을 만들기 위한 노골적인 결연이자 동맹인 셈이었다.

그의 어머니는 노부나가의 정실로, 혼노지의 변 때 사망한 장남 노부타다와 한 형제였다. 노부나가는 장남 노부타다의 기량을 일찍이 인정해 19세 때 가독家督, 가부장제도 하의 가장권으로, 적자가 단독 상속한다의 직위를 물려주었고 머지않아 '천하의 주인' 자리도 넘겨줄 거라는 이야기를 했다.

반면 노부나가는 차남인 노부카쓰를 탐탁해하지 않았다. 3년 전 그는 정식으로 보고도 하지 않은 채 이가로 쳐들어갔다가 처참한 패배를 맛보았는데, 그 일로 인해 아버지이자 주군인 노부나가에게 실망만 안겨 주었다. 작전을 세밀히 점검하며 신중하게 나아가고 있던 노부나가의 전략에 커다란 차질을 빚은 경솔한 행동인 데다 결과가 너무 나빴다. 싸움에 패배한 것은 물론이고 노부나가가 특별히 아끼던 장수들까지 잃고 비겁하게 살아 도망쳐 돌아온 것이다.

노부나가는 편지로 그런 노부카쓰를 크게 질책했다. 다음은 노부나가가 죽은 뒤 29년이 지나서 기록된 오타 규이치전국시대의 무장의 『노부나가공기』의 일부를 인용해 현대어로 옮긴 것이다.

> 이번에 너는 참으로 어처구니없는 실수를 저지르고 말았다. 아무리 생각이 없기로서니 가미가타교토와 그 부근로 군사를 보내는 게 귀찮다는 이유로 그 부근에서 머뭇거리고 있었다니……. 정말 어리석기 짝이 없는 행동이었다. 게다가 너로 인해 소중한 무장들까지 잃고 말았으니 그 책임을 어찌 지려 하느냐. 괘씸하고 또 괘씸하다. 앞으로도 네가 그런 식으로밖에 처신할 수 없다면 부자간의 연을 끊어 버리겠다. 할 말이 많으니 사자에게 직접 들어라.

노부나가로서는 너무도 실망스러워 말도 하고 싶지 않았지만 그렇게 하지 않고는 도저히 참을 수가 없었을 것이다. 희대의 영웅 노부나가가 직접 쓴 편지라고 생각하며 읽으니 눈이 번쩍 떠지고 살짝 등골이 오싹해지는 느낌도 든다.

혼노지의 변고 소식을 들은 노부카쓰는 어머니를 지키기 위해 이세에서 아즈치 성으로 향했다. 도중에 농민 폭동으로 머뭇거리는 사이에 그는 미쓰히데가 죽었다는 것을 알게 되었다.

일본 예수회가 만든 일본사 연표를 보면 노부카쓰에 대해 "정신이 온전치 않은 건지, 지력이 부족하기 때문인지……", "노부나가가 차남을 바보 취급하고……." 등의 문장이 나온다. 이것만 보아도 노부카쓰에 대한 아버지 노부나가를 비롯한 당대 사람들의 평판이 어떠했는지 넉넉히 짐작할 수 있다.

② 노부나가의 3남 오다 노부타카 25세

노부타카도 양자로 보내졌다. 사실 그는 노부카쓰보다 먼저 태어났지만, 어머니가 측실側室이라는 핸디캡이 있었기에 스스로 차남의 자리를 양보하고 3남이 되었다고 한다. 그는 승마술에 뛰어났는데, 노부나가도 그 기량을 인정할 정도였다. 한데, 그는 적자嫡子가 아니라는 콤플렉스 탓인지 지나칠 정도로 자존심이 강했고, 차남 노부카쓰와도 자주 불화를 빚곤 했다. 그런 탓에 형제 사이는 매우 나빴다. 게다가 그는 분별력마저 떨어졌다. 아버지의 가신들을 대할 때 그는 마치 자신이 노부나가인 양 으스대고 잘난 척하며 이야기하곤 했다.

전형적인 '상황 판단을 못하는 도련님'이었던 것이다.

혼노지의 변고를 보고 받은 것은 노부타카가 시코쿠 방면 사령관에 임명되어 셋쓰와 스미요시에서 군사를 집결시키고 있을 때였다

영향력 있는 가신 그룹

회의 참석자에 대해서는 여러 설이 있는데, 몇 가지 정황으로 미루어 볼 때 적어도 다음의 8명은 참석한 것이 분명하다. 우두머리 가신인 가쓰이에를 비롯하여 니와 나가히데, 하시바 히데요시, 이케다 쓰네오키, 가모 우지사토, 하치야 요리타카, 호소카와 후지타카, 쓰쓰이 준케이가 그들이다. 그들은 모두 오다 가의 중신들이었다.

그중 회의에서 특별히 중요한 역할을 담당한 3명을 살펴보자.

가로, 시바타 가쓰이에 61세

그는 기요스 회의의 소집과 의장직을 맡았다.

노부나가의 아버지 시대부터 그의 집안은 오다 가에서 나름 중요한 지위를 차지하고 있었는데, 그는 노부나가의 동생인 노부유키의 가로 직을 맡게 된다. '바보 천치'로 불렸던 차남 노부타카의 역량과 자질에 의문을 품은 가쓰이에는 중신들과 논의해 총명한 노부유키를 오다 가의 후계자로 삼으려 했다.

가쓰이에는 군대를 이끌고 노부나가와 싸웠지만 크게 패하고 성으로 도망친다. 노부나가는 가쓰이에와 노부유키가 진을 치고 있는 성을 포위했다. 이때 노부유키의 어머니(노부나가의 친모이기도 한데, 노부유키를 특별히 총애했다고 한다)가 사자를 보내어 노부나가에게 사죄했다. 노부나가의 용서를 받은 어머니와 노부유키, 가쓰이에는 검은색 승복 차림으로 노부나가 앞으로 다가가 예를 올렸다.

우세한 병력으로도 싸움에 진 가쓰이에는 이때부터 노부나가를 다시 보게 되었다. 그 후 노부유키가 다시 반역을 일으키려고 했을 때 그는 주저 없이 노부나가에게 그 사실을 알렸다. 노부나가는 더 이상은 노부유키를 용서할 수 없다며 그를 기요스 성으로 유인해 죽이는데, 이때 노부유키에게 꾀병을 가장한 노부나가의 병문안을 가라고 권한 것이 가쓰이에였다.

가쓰이에는 노부나가의 가신이 되었지만 무장으로서 한동안 참고 기다리는 시간을 가져야 했다. 그리고 마침내 선봉에 서서 활약하면서 '돌격 시바타', '맹장 시바타'로 불리게 되었다. 그가 자신의 역할에 최선을 다한 것은 노부나가에 대한 속죄이며 그의 그릇의 크기에 압도되었기 때문에 가능한 헌신이었을 것이다.

'독 깨기 시바타'는 노부나가 군단이 오우미를 공격하던 시절에 붙은 별명인데, 가쓰이에가 지키는 성이 적에게 포위당하는 바람에 밥 지을 물도 떨어지고, 먹을 물마저 바닥이 나 병사들이 하나둘 쓰러지기 시작했다. 적군은 사자를 보내 항복하면 목숨만은 살려 주겠다고 했지만 사실은 그럴 마음이 전혀 없었고, 물 부족에 의한 타격을 직접 확인하려 한 것뿐이었다.

회담 후 사자가 뒷간에 다녀와 손을 씻고 싶다고 하자 가쓰이에는 물이 가득 담긴 커다란 그릇을 두 사람이 들게 오게 했다. 그리고 사자가 손을 씻은 물을 마당에 전부 버리게 했다. 자신의 진지로 돌아간 사자는 물은 아직 충분히 있다고 보고했다.

그날 밤, 가쓰이에는 모든 부하들을 소집해 남은 세 개의 독에 든 물을 한 잔씩 마시게 했다. 아직 독에 물이 꽤 남아 있었는데도 그는 세 개의 독을 차례로 깨부수었다. 그런 다음 그는 "이제 우리에게 남은 것은 적을 치러 나가는 일뿐이다." 하며 성문을 열고 부하들에게 적진으로의 돌진을 명령했다. 그 기세에 눌린 적은 순식간에 큰 혼란에 빠졌다고 한다.

그는 재치는 없지만 의협심이 있고 진중하고 올곧은 사람이었다. 지혜나 재치보다 정신력과 의지력을 중시하는, 요즘 식으로 말하자면 '운동 서클의 주장' 같은 사나이였다. 아내를 잃은 후 그는 죽을 때까지 홀아비로 지냈다.

가로, 니와 나가히데 48세

그는 가쓰이에와 함께 오다 가의 경험 많고 노련한 가신으로서 막강한 힘을 갖고 있었다. 노부나가는 생전에 자주 "나가히데는 나의 친구이며 형제다!"라고 공공연하게 이야기했다고 한다. 하지만 일찍부터 두각을 나타낸 그는 와카사(지금의 후쿠이현) 국을 하사받은 이후 어찌된 일인지 더 이상 승진하지 못했다. 유격대의 지휘를 맡아 용맹한 활약을 보였으나 만 단위의 병사를 움직이는 방면군의 사령관을 맡은 적은 없었다. 아즈치 성을 건설할 때는 축성 책임을 맡게 된다. 아무래도 그는 걸출한 무장이라기보다는 조직 내부를 관리하는 행정관직에 더 잘 어울렸던 것 같다. 가쓰이에와 그는 성격이 맞지 않았다.

히데요시가 기노시타에서 '하시바'로 성을 바꾼 것은 나가히데와 가쓰이에의 무예와 용맹을 닮고 싶어 두 사람의 이름에서 한 자씩 받은 것이라고 한다. 그렇게까지 해서 아부해 가며 비위를 맞추려는 히데요시의 간사함과 얄팍함을 가쓰이에는 무척이나 싫어했지만 반대로 니와는 기뻐했다고 한다. 그 후에도 니와와 히데요시는 마음이 맞아 의기투합하곤 했다.

혼노지에서 변고가 일어났을 때 그는 노부나가의 3남 노부타카를 사령관으로 하는 시코쿠 정벌군의 부관으로 출정을 준비하고 있었다. 오사카에서 군세가 갖춰지기를 기다리고 있었는데, 노부나가의 사망 소식을 들은 병사들은 겁을 먹고 도망쳐 버렸다. 딜레마적인 상황에 빠져 어찌할 바를 몰라 당황하고 있는 그에게 히데요시로부터 참전 요청이 왔다. 전투를 할 때는 대군을 이끄는 사람이 지휘관을 맡는 것이 원칙이다. 따라서 니와와 노부타카는 히데요시의 지휘를 받게 된다. 원숭이에게 지휘를 맡길 수 없다며 펄쩍 뛰는 노부타카를 니와는 열심히 설득해 함께 출진하게 되는데, 그 바람에 도착이 늦어지고 만다.

히데요시는 전날부터 야마자키에 포진해 미쓰히데 군과 대치하며 하룻밤을 보냈다. 히데요시 군의 전력은 미쓰히데 군에 비해 약간 앞서는 정도였는데, 둘의 합류로 전력은 5대 3 2만6천5백 명 대 1만6천 명이 되어 승리가 눈앞에 보이는 듯했다.

하시바 히데요시 46세

히데요시는 상대가 원하는 것을 앞서 읽을 뿐 아니라 한 발 더 나아가 상대가 기대하는 수준의 행동을 한다. 히데요시의 재치는 자신이 갖고 있는 모든 지혜와 능력을 동원한 것으로, 무장으로서 적을 대할 때는 그 재치가 악마적인 지략이 되어 나타나곤 했다.

혼노지의 변이 일어나기 바로 전 해, 히데요시 군은 모리 군의 돗토리 성을 에워쌌다. 이 성의 총대장은 무장으로 명예가 높은 깃카와 쓰네이에였다. 이때 히데요시가 폈던 공격법은 전례가 없던 것으로, 난공불락의 돗토리 성을 상대로 그 전까지의 성공 체험과는 180도 다른 전법으로 나아갔다.

눈에 파묻힌 산인도로는 진군할 수 없던 터라 겨울 동안 오다 령인 와카사국으로부터 상선들을 띄워 돗토리 성 근처 해변가에서 쌀을 사 모으도록 했다. "호쿠리쿠는 기근으로 먹을 것이 없다. 쌀이든 보리든 콩이든 돗토리의 2배 값을 쳐 줄 것이다."라는 글을 내걸자 백성들은 앞을 다투어 자신들이 비축해 두었던 곡식을 팔았고, 성에서도 눈치 빠른 장병들이 몰래 군량미를 팔아 군자금으로 바꿨다. 군량미가 부족한 것을 알게 된 깃카와는 히로시마로부터 동해를 경유해 많은 양의 쌀을 보내도록 지시했다. 해상에서 잠복해 있던 히데요시 군은 쌀을 실은 수송선을 격퇴했다. 눈이 녹은 봄을 기다려 히데요시는 대군을 이끌고 돗토리 성으로 향했다. 진군하는 곳마다 마을에 불을 놓아 백성들을 성으로 도망치게 했다. 그리고 성 주위를 울타리로 에워쌌다. 가뜩이나 군량미가 부족한 성에 백성들을 몰아넣는 식량 고갈 전술이었다. 불과 석 달 만에 깃카와는 자복하고 성은 함락되었다. '돗토리의 아살餓殺'로 불리는, 전국시대에서 가장 처절한 식량 전술이었다.

히데요시는 적어도 '도요토미'가 되기 전의 하시바 시대까지는 사람을 죽이는 것을 그리 좋아하지 않았다. 편지에서도 "사람을 베는 일을 히데요시가 싫어하는 것은 사실이나……."라는 글귀를 찾아볼 수 있다. 전국시대의 무장을 현대적 관점에서 판단하는 것이 무의미한 일일 수 있지만 자신이 빼앗는 목숨에 대한 의식의 측면에서 오다 노부나가와는 크게 달랐던 것만은 확실하다.

히데요시는 '식량 공격'을 자주 사용했다. 식량이 바닥난 상대가 항복하고 대장이 자복해 성을 내주면 병사들은 살려 주는 식이었다. 돗토리 성의 경우는 예외적인데, 항복하면 목숨만은 살려 주겠다고 그가 제안했음에도 불구하고 깃카와 쓰네이에는 이를 거절한 뒤 자결하고 말았다.

가쓰이에와의 관계는 회복될 기미가 보이지 않았다. 권위주의적인 가쓰이에에게 사람의 비위를 잘 맞추는 히데요시의 언동은 불쾌감을 주었다. 처음에는 세력 면에서 상대가 되지 않았으나 히데요시가 차츰 힘을 키우자 정면 대립은 불가피해졌다.

혼노지의 변이 일어나기 5년 전에는 이런 일이 있었다. 호쿠리쿠에 있는 가쓰이에가 우에스기 겐신이 에치고를 나와 교토로 향하는 듯하다며 노부나가에게 원군을 요청했다. 노부나가가 파견한 무장들이 가쓰이에의 지휘 하에 합세했는데, 그 가운데 한 명이었던 히데요시는 작전에 관해 가쓰이에와 크게 언쟁을 벌인 후 군사를 이끌고 돌아가 버렸다. 그의 이런 행위는 가쓰이에가 마음먹기에 따라서는 참형에 처해질 수도 있을 정도로 심각한 하극상이었다.

그로부터 5년, 히데요시는 노부나가의 원수를 죽인 무장이 되어 필두 가신인 가쓰이에 앞에 서게 된 것이다.

가쓰이에의 프레젠테이션

측실의 자식 노부타카를 후계자로 추천한 이유

오다 노부나가의 후계자 후보로 가능성이 있는 것은 다음의 네 명이다.

①노부카쓰25세 = 노부나가의 차남 ②노부타카25세 = 노부나가의 3남 ③오쓰기마루15세 = 노부나가의 4남으로 자녀가 없는 히데요시의 양자로 들어갔다 ④산보시3세 = 노부나가의 손자. 노부타다 혼노지의 변 때 자결의 장남.

가쓰이에는 다음과 같이 생각했을 것이다. 네 사람 가운데 오다 가의 난국을 극복할 기량을 가진 자는 측실의 자식이지만 3남 노부타카뿐이다. 게다가 그는 필두 가로인 자신과도 인연이 깊다. 노부타카가 관례를 올릴 때 그에게 갑옷을 입혀 주고 투구를 씌워 준 것도 다른 누구도 아닌 바로 자신이었다. 기대대로 그는 훌륭한 무장으로 성장해 주었다.

히데요시는 노부나가의 차남 노부카쓰가 후보로 올라올 것 같다는 정보를 입수했다. 노부카쓰가 주군이었던 오다 노부나가의 적자이기는 하지만 오다 가를 다시 일으켜 세울 만한 인물은 결코 되지 못한다는 것이 모든 사람들의 공통된 생각이었다. 노부카쓰가 후계자가 되어 천하통일을 이룰 수 있을 만큼 전국戰國의 세상은 호락호락하지 않다. 출석한 사람들 모두 그 안에 적극 반대할 것이 틀림없다―.

아니, 잠깐……, 히데요시가 노부카쓰를 추천하는 척하면서 양자로 들인 오쓰기마루를 내세우지는 않을까? 이미 오다 가의 사람은 아니지만 노부카쓰나 노부타카 역시 양자로 보내졌기는 마찬가지다. 억지로 오쓰기마루를 후계자로 내세운다면 오다 가를 제 손에 넣으려는 속셈이 노골적으로 드러나 지지를 얻지 못할 것이다. 게다가 오쓰기마루는 아직 열다섯밖에 되지 않은 소년이 아닌가. 굳이 소년을 후계자로 내세울 이유가 없다. 나머지 한 사람, 노부타다의 장남이자 오부나가의 손자인 산보시가 있는데, 3살 된 어린애로는 이야기 자체가 되지 않는다―.

가쓰이에는 노부나가의 후계자로 3남 노부타카를 공식 제안하기로 결심했다. 다른 후보자와 차별화할 수 있는 포인트는 다음의 세 가지다.

① 유능함

'지혜와 용기를 지닌 사람이다'『천정기』, '기억력이 뛰어나고 영리하다'『각천태합기』 라는 기록이 남아 있듯이 그의 유능함은 모든 사람들이 인정하는 부분이다. 혼노지의 변이 일어나기 직전에는 시코쿠 방면군 사령관으로 발탁되었다. 만 단위의 병사를 지휘하는 명예로운 방면군 사령관이 될 수 있었던 것은 노부타카 외에 가쓰이에, 히데요시, 가즈마스 세 사람뿐이었다.

② 오다 가를 결속시킬 역량

천하통일은 아직 이루어지지 않았고 여전히 진행 중인 데다 오다 가가 지배하는 지역은 일본 전체의 30퍼센트도 되지 않는다. 주코쿠의 모리와 간토의 호조를 굴복시켜야 하는 녹록치 않은 일이 기다리고 있다. 도쿠가와 이에야스와는 동맹 관계이지만 오다 가에 내분이 일어나면 그가 어떻게 움직일지 알 수 없으므로 방심할 수 없다. 게다가 미쓰히데 토벌 도중 과장된 행동을 한 히데요시 덕분에 오다 가가 분열되어 버렸다. 이 위기에 오다 가의 결속을 다질 수 있는 것은 노부타카 뿐이다. 아직 서툰 점도 있지만 그것은 자신이 보완해 주면 된다.

③ 야마자키 전투에서 오다 가를 상징하는 깃발로서 참가했다

아버지의 원수를 죽인 주역은 노부타카, 히데요시는 지원 역에 지나지 않았다고 말하면 된다.

'천하인'의 개념을 들고 나온 까닭은?

가쓰이에가 상상한 회의의 마지막 모습은 다음의 세 가지였다.

① 천하통일 프로젝트 추진에 어울리는 후계자로 노부타카를 모두에게 이해시키고 동의를 얻어낸다.
② 히데요시가 추천하는 노부카쓰 안을 거절한다.
③ 필두 가로로서의 존재감과 위신을 모두에게 과시한다.

가쓰이에는 회의 장소로 오와리의 기요스 성을 선택했다. 노부나가가 오다 가의 가독직을 승계하고 4년 후 본거지로 삼았던 기요스 성은 이후 오다 가 발전의 초석이 된 성지와도 같은 곳이었다. 원점으로 돌아가 생각해서 가신들의 결속을 다지자는 메시지를 담고자 한 것이리라.

그럼 가쓰이에의 프레젠테이션을 들여다보자. 내비게이터는 기요스 회의로부터 약 40년 후에 쓰인, 도요토미 히데요시에 관한 우화를 모은 서적인 『각천태합기』다. 관계자의 이야기를 듣고 정리했다는 태각기 중에서 가장 신뢰할 만하다고 한다.

모든 사람들이 자리에 앉은 것을 확인한 후 의장인 가쓰이에가 입을 열었다.

"주군과 아드님의 죽음은 참으로 슬프고 안타까운 일이오. 하지만 우리가 언제까지 이렇게 슬픔에 젖어 있을 수만은 없소. 한시바삐 중지를 모아 훌륭한 천하인을 정하여 우리의 새로운 주인으로 모셔야 할 것이오."

하지만 의장으로 나선 가쓰이에의 진지한 제안에 동의하는 발언을 하는 자는 한 사람도 없고 서로의 얼굴색만 조용히 살필 뿐이다. 잠시 후 가쓰이에가 다시 말을 시작했다.

"나는 노부타카 님이 좋다고 생각하오. 나이, 평판, 영리함, 어느 하나 모자란 점이 없소."

여기까지가 가쓰이에가 프레젠테이션 한 내용의 전부이다. '굉장히 짧은 데다 색다른 요소라곤 거의 찾아볼 수 없는 진부하기 그지 없는 제안이라고 생각할 수도 있겠지만 자세히 살펴보면 몇 가지 테크닉이 구사되고 있다.

고객인 기업에게 아이디어를 제안하는 일이 일상적인 업무인 광고회사에서는 보통 다음의 4가지 요소로 프레젠테이션을 구성한다. ①모두에서 판단의 기준을 제시한다. ②현재 상태의 문제점과 기회를 제시한다. ③이번에 해결해야 할 과제를 제시한다. ④구체적인 해결책을 제시한다.

이 구성법에 따라서 가쓰이에가 기요스 회의에서 했던 프레젠테이션을 꼼꼼히 점검해 보자.

가쓰이에의 프레젠테이션 분석

① 모두에서 판단의 기준을 제시한다

회의실에 모인 사람들의 생각은 다양하다. 광고회사가 하는 프레젠테이션의 경우도 마찬가지다. 가령, 새 차 광고 전략에 대한 프레젠테이션이라면 자동차 회사의 개발 담당자, 영업 담당자, 홍보 담당자들이 모인다. 독특한 스타일을 어떻게 어필할지 기대하는 사람도 있고, 경쟁사에서 만든 동종 자동차가 구축해 놓은 인기를 어떤 각도에서 접근해 무너뜨릴지에 관한 전략을 궁금해하는 사람도 있고, 광고매체로 텔레비전과 인터넷을 어떻게 효과적으로 조합해 사용할지에 대해 관심을 갖는 사람도 있을 수 있다. 모인 사람들의 평가 기준은 저마다 제각각일 것이다. 프레젠테이션을 성과 있는 결과물로 만들기 위해서는 판단을 내릴 수 있는 공통의 기준과 잣대를 갖도록 만드는 것이 중요하다. 그래서 프레젠테이션의 모두에서 이런 이야기를 한다.

"이 자동차의 주요 타깃은 20대 여성입니다. 따라서 지금부터 프레젠테이션 할 내용을 젊은 여성이라 생각하시고 들어주십시오. 부장님이라면, 따님이 뭐라고 말할지 상상해 주세요."

자신의 가치 판단이 아니라 자동차를 살 고객의 입장에서 프레젠테이션의 좋고 나쁨을 판단 받고 싶다. 그 기준이 되는 잣대를 제시하는 것이다.

주목할 점은 가쓰이에가 모두에서 '천하인'이라는 단어를 썼다는 점이다. 다양한 생각을 갖고 기요스 회의에 참석한 사람들에게 '천하인에 어울리는 사람이 누구인가' 하는 판단의 기준을 제시한 것이다. '오다 가의 후계자'가 아닌 '천하인'을 결정하자고 가쓰이에는 말한 것이다.

천하통일이 이루어지지 않은 단계에서 굳이 천하인이라는 용어를 사용한 가쓰이에의 의도는 명백하다. '천하통일에 어울리는 사람은 누구인가' 하는 기준으로 선택하면 당연히 무장으로서 유능한 노부타카밖에 남지 않는다. 천하인이라는 말을 들었을 때 회의 참석자들의 머릿속에도 시코쿠 방면군 사령관에 임명된 노부타카가 자연스럽게 떠올랐을 것이다.

② 현재 상태의 문제점과 기회를 제시한다

노부나가·노부타다라는 오다 가의 가장 든든하고 믿음직한 두 기둥을 잃었다. 그러나 새로운 기둥을 모시는 것으로 결속을 다져 천하를 도모할 수 있다.

③ 이번에 해결해야 할 과제를 제시한다

천하인이라는 이름에 어울릴 새로운 인물을 최대한 신속하게 결정한다.

④ 구체적인 해결책을 제시한다

연령, 평판, 영리함 등의 여러 요소를 종합적으로 판단해 볼 때 노부타카가 가장 적합하다고 생각한다.

간결하지만 나쁘지 않은 프레젠테이션이다. 논리의 전개가 조금은 성급한 느낌이 있지만 오다 가의 위기에 대해서는 가신 하나하나가 자각하고 있을 터이기에 문제가 되지 않는다. 히데요시가 노부카쓰를 추천할 것에 대비해 '천하인에 어울리는 사람은 누구인가'라는 판단 기준을 먼저 제시한 것은 현명한 선택이었다고 할 수 있다. 이후에 히데요시가 노부카쓰 안을 제안해도 노부카타보다 훨씬 못해 보일 수밖에 없기 때문이다.

"다른 의견이 없다면……" 하고 가쓰이에가 말했을 때 히데요시가 살짝 고개를 갸웃거리며 애교 있는 얼굴로 발언을 시작했다.

의외의 '산보시 안'으로
헤게모니를 장악한 히데요시

3살배기 산보시를 후계자로 추천하다

가쓰이에 님의 생각은 지당하십니다. 그러나 후계자의 정통성을 따지자면 당연히 적자가 이치에 맞지 않을까요? 즉, 노부타다 님에게 어린 아들 산보시 님이 계시는 만큼 그분을 후계자로 정하는 것이 순리에 맞는 일입니다. 아직 나이가 어리시긴 하지만 가쓰이에 님을 비롯해 오다 가의 가신들이 마음을 하나로 모아 보필하면 그 점은 문제가 되지 않는다고 봅니다. 정통성에 맞는 후계자라면 천하만민이 존경할 것이니까요. 저로서는 그렇게 생각합니다.

히데요시가 경합 프레젠테이션에 뛰어들어 제안한 인물은 모든 사람의 예측을 벗어난 의외의 인물로, 이제 겨우 3살밖에 되지 않은 산보시였다.

히데요시의 프레젠테이션 분석

히데요시의 프레젠테이션도 4단계 구성법으로 확인해 보자.

① 모두에서 판단의 기준을 제시한다
후계자로서의 정통성에 맞는 인물을 선택해야 한다.

② 현재 상태의 문제점과 기회를 제시한다
오다 가의 위기이기는 하지만 정통성의 측면에서 서열에 합당한 후계자라면 천하만민이 존경할 것이다.

③ 이번에 해결해야 할 과제를 제시한다
정통성에 따른 후계자를 세워 가쓰이에를 비롯한 가신들이 전심으로 보살핀다.

④ 구체적인 해결책을 제시한다

노부나가의 손자 장남인 노부타다의 장남인 산보시를 후계자로 정한다.

3살의 산보시를 내세우다니, 가쓰이에로서는 전혀 예상하지 못했던 카드였다. 천하통일이 완성되었다면 정통성을 따져 노부나가의 손자를 내세울 수도 있다. 그러나 때는 이쪽이 먼저 먹지 않으면 저쪽에게 먹힐 수밖에 없는 전국시대였다.

가쓰이에가 기준을 제시한 '천하인'을 정하는 회의. 그것을 히데요시는 '오다 가의 후계자를 정하는' 방향으로 끌고 가려 하고 있었다. 가쓰이에의 생각은 어렵지 않게 읽을 수 있다. 산보시를 후계자로 세우고 가신들이 보살피면 되지만 자신과 히데요시의 사이가 좋아질 리 없다. "가쓰이에 님을 비롯해 가신들이 마음을 하나로 하면……." 이라는 속이 빤히 들여다보이는 말을 하다니……. 산보시를 구워삶아 언젠가 이 시바타를 없앨 생각이다. 그 다음은 오다 가를 제 손에 넣으려 할 게 분명하다—.

산보시 안을 제안한 히데요시의 노림수는?

히데요시가 내세운 산보시 안의 노림수는 무엇이었을까? 기요스 회의에 임한 그의 입장을 확인해 보자.

① 이 회의는 오다 가의 주도권을 둘러싼 가쓰이에와의 싸움이다. 천하통일이 달성되어 막부 일본을 통일한 쇼군의 정부로, 천황은 상징적 존재가 되고 쇼군이 실질적인 통치권을 갖는다. — 옮긴이 시대가 열렸다면 오다 가를 지키는 것이 정의일 것이다. 그러나 통일로 가는 과정이라면 기량 있는 자가 노부나가의 대망을 이어받으면 된다. 기요스 회의는 그 천하통일로 가는 야마자키 전투에 이은 싸움이다. 가쓰이에의 의견이 통과되지 않고 히데요시에게 결정권이 있음을 자리에 모인 사람들에게 보여 준다. 더 이상 가쓰이에의 시대가 아님을 오다 가의 모든 사람들에게 인식시키는 전쟁터이다.

② 자신의 출세는 노부나가가 있었기 때문에 가능한 일이었다. '노부타카+가쓰이에' 체제가 성립되면 장애가 되는 자신은 제일 먼저 제거될 수밖에 없는 운명이다.

그렇다면 자신의 프레젠테이션 주인공을 누구로 삼는 것이 가장 현명한 선택일까.

① 노부카쓰를 내세우는 것은 어떨까?

노부카쓰는 정실의 태생이라는 점에서, 정통성으로 따지면 노부타카보다 후계자에 어울린다. 그러나 노부카쓰를 내세우면 '노부타카+가쓰이에' 대 '노부카쓰+히데요시'의 싸움이 된다. 노부카쓰의 그 꼬락서니로는 자신에게 힘이 되어 줄 사람이 모이지 않을 것이다.

승산 없는 싸움을 해선 안 된다.

② 노부나가의 4남으로, 양자를 삼은 오쓰기마루는 어떨까?

아직 열다섯. 그를 내세우면 오다 가를 제손에 넣으려는 속셈이 너무 노골적으로 드러나 지지를 얻기 어렵다.

③ 노부나가의 손자 산보시는 어떨까?

7년 전, 노부나가는 장남 노부타다에게 집안의 통치자인 가독의 자리를 물려주었다. 그런 노부타다의 외아들인 산보시라면 3살이라도 가독을 상속받을 정당한 명분이 있다.

오다 가의 정당한 가독 상속자인 어린아이를 내세워 노부나가의 후계자로서 모든 사람의 동의를 얻도록 하기 위해서는 어떻게 해야 할까. '정통성'이라는 기준을 내서워야 하지 않을까.

노부타카를 추천하려는 가쓰이에는 '노부나가의 후계자는 누구인가' 하는 기준으로 평가하자고 할 것이다. 아니, 가쓰이에의 지혜를 깔봐서는 안 된다. '천하인에 가장 어울리는 사람은 누구인가' 하고 나올 수도 있다. 어느 쪽이든 그 기준은 주관적이며 신축적일 수밖에 없다. 반면 정통성은 객관적으로, 누가 봐도 당연히 산보시에게 있다. 산보시로 정해지면 상대는 아직 3살, 그를 군주로 밀어 올리는 것은 바로 나다. 얼마든지 자유롭게 조정할 수 있다.

지략의 천재 히데요시는 산보시 안을 번개같이 생각해 냈을 것이다. 자신에게 유리한 기준이 적용될 싸움터를 준비해 그곳으로 상대를 끌어들여 진검승부를 벌인다―. 광고 전략에서도 자주 사용되는 방법이다. 자동차 시장으로 말하면 어떤 자동차가 인테리어가 매력적일까, 혹은 친환경 자동차는 어느 것일까, 하고 새로운 가치의 전장을 만들어 간다. 자사에게 유리하고 소비자가 가치를 느낄 수 있는 싸움터를 발견한 쪽이 승자가 된다.

히데요시의 '정통성'이라는 전장 패러다임은 이전의 맥주 전쟁과 흡사한 측면이 있다. '어느 맥주가 맛있을까'라는 기존의 패러다임에 대해 '어느 맥주가 가장 선도가 좋을까'라는 새로운 패러다임을 만든 아사히 맥주. 맛있다고 느낄지 어떨지는 개인의 취향이지만 신선도는 정확한 수치화가 가능한 요소이다. 따라서 객관적인 평가로 소비자를 이해시킬 수 있다.

'맛있다'라는 주제로 광고를 하려 할 때 가장 먼저 떠오르는 것이 유명인들의 증언 시리즈가 아닐까. 여러 유명인들이 차례로 등장해 "부드럽게 넘어간다", "끝까지 처음 맛 그대로", "첫 맛의 놀라움" 하는 식으로 전개하는 시리즈 광고. 이렇게 많은 사람들이 보증하는 "맛있는 맥주는 역시 ○○입니다." 하고 다가가는 것이다.

반면 선도라면 "공장에서 당신이 있는 곳까지 ○○시간입니다."라는 간단한 메시지만으로도 얼마나 신선할지 신선도를 충분히 이해시킬 수 있다.

가쓰이에의 노부타가 안은 '맛있는 맥주'와 유사한 전장, 즉 패러다임 만들기다. 나이, 평판, 영리함, 어느 것을 따져 봐도 '천하인은 역시 노부타카'라는 판매 방식. 그에 반해 히데요시의 접근은 '정통성을 따지면 산보시 뿐'이라는 객관적인 방식으로, 설득을 얻어내기 쉬운 프레젠테이션이 된다.

아무튼 회의는 히데요시가 노린 방향으로 진행되었다. 필두 가로인 가쓰이에가 제안한 '노부타카 안'이냐 히데요시의 '산보시 안'이냐—. 회의에 참석한 사람들은 서로의 생각을 살피기에 바빴다. 가로 나가히데가 무거운 공기를 깨고 입을 열었다.

> 가쓰이에 님을 비롯해 모두 들어주시오. 치쿠젠노카미치쿠젠의 태수인 히데요시를 말함. 치쿠젠은 지금의 후쿠오카 — 옮긴이의 제안은 이치에 맞는 이야기로 거부감이 없습니다. 노부타다 님께 어린 아드님이 계시지 않는다면 어쩔 수 없는 일이오. 만일 따님이 계시다면 오다 가에 어울리는 분과 혼인을 하여 그 부군이 오다 가의 뒤를 이어야 할 것이오. 한데 비록 3살이라고는 하나 오다 가의 적장자이자 가독의 지위를 물려받은 노부타다 님의 아드님이 계십니다.

이번에는 히데요시가 니와의 말을 이어 받았다.

> 만일 노부타다 님의 부인께서 회임 중이시라면 출산까지 기다렸다가 태어난 아기 님의 성별을 확인한 뒤 후계자를 정하는 것이 마땅한

도리라고 생각합니다. 하물며 현재 어린 아드님이 계십니다. 그 분이 우리의 주군 노부가나 님의 후계자가 되는 것은 당연하지 않겠습니까?

두 사람 모두 저렇게까지 몰아붙일까 싶을 정도로 가쓰이에를 궁지로 몰아넣었다. 이미 어린 아들이 있다는 사실을 강조하기 위해 구사되는 수사법. 딸이라면 혼인시켜 그 남편을 후계자로 해야 한다. 하물며 이미 아들이 있다. 가령 임신 중이라면 태어날 아기의 성별을 확인할 때까지 기다려야 한다. 그런데 이미 어린 아들이 있다⋯⋯.

니와에 대한 히데요시의 네마와시根回し 즉, 사전 작업은 회의 전에 매우 치밀하게 이루어졌다. 네마와시란 나무를 옮겨 심을 때 하는 사전 작업을 말한다. 옮겨심기 한두 해 전에 미리 나무 둘레를 파고 뿌리의 일부를 잘라 내어 거기서 새로운 잔뿌리가 내리게 한 다음 전체를 파내어 옮긴다. 옮겨 심은 곳에서도 뿌리가 잘 내리게 하려는 지혜이다. 산보시 안을 기요스 회의에 뿌리내리게 하는 역을 니와가 맡았다.

가쓰이에와 히데요시의 대립과는 아무런 관계도 없을 거라고 생각한 니와의 응원 연설에 실내의 분위기는 달라졌다. 하지만 아직 적극적으로 발언하는 사람은 없다. 히데요시는 의중을 살피면서 "조금 전부터 배가 아파 잠시 물러나 별실에서 쉬겠습니다." 하고 자리에서 일어나 밖으로 나갔다.

히데요시는 가쓰이에라는 남자의 성격을 훤히 꿰뚫어 보고 있었다. 대세는 이미 산보시 옹립으로 기울었다. 여기서 가쓰이에가 노부타카를 고집해 패배하면 필두 가로로서의 권위는 실추하고 만다. 그러나 히데요시 앞에서는 굴복하지 않을 것이다―. 그렇게 상황을 판단한 히데요시는 자신이 자리를 뜨기로 했다. 그러나 일말의 불안감이 남는다. 자신이 그 자리에 없는 것을 기회 삼아 가쓰이에가 강경수를 쓰지 않을까? 그렇지는 않을 것이다. '돌격 시바타', '독 깨기 시바타'로 불리는 강직한 남자이다. 논적이 자리를 비운 회의에서 절대 자신의 주장을 일방적으로 밀어붙일 리 없다. 오히려 위엄을 유지하면서 산보시 안에 찬성해 회의를 마무리 지으려 할 것이다.

하지만 그렇게 쉽게 끝내게 할 수는 없다. 필두 가로 가쓰이에의 위신을 땅에 떨어뜨리고 히데요시가 새로운 실력자임을 모두에게 보여 주어야 한다. 그 역할을 맡은 니와가 입을 열었다.

가쓰이에 님, 부디 언짢아하지 마시고 제 이야기를 들어주십시오. 노부나가 님이 스스로 목숨을 끊으셨을 때 치쿠젠노카미치쿠젠의 태수. 히데요시를 말함는 주코쿠의 대적인 모리와 마주하고 있었습니다. 그는 추격당할 위험을 피해 히메지 성으로 돌아왔고, 다시 사흘을 쉬지 않고 달려 야마자키로 향했습니다. 치쿠젠노카미가 노부나가 님의 원수를 없앤 것은 하늘의 뜻이라는 생각이 듭니다. 치쿠젠노카미는 가쓰이에 님이 가진 힘의 절반도 갖고 있지 않습니다. 노부나가 님이 자결하셨다는 소식을 듣고 가쓰이에 님이 즉시 날개를 단 듯 진격했다면 미쓰히데 따위는 두셋이라도 거뜬히 뭉개 버렸을 겁니다. 아무래도 가쓰이에 님이 방심하셨던 것 같습니다.

그는 주군의 원수를 죽인 히데요시의 제안에 귀를 기울여야 하지 않느냐고 다소 당돌하고 위압적인 기세로 말하고 있었다. 아픈 곳을 찔린 가쓰이에는 아무런 반론도 제시하지 못했다. 그는 깨끗하게 니와의 말을 인정할 수밖에 없었다.

"내가 틀렸소. 고로사고로사에몬노죠의 준말로 니와 나가히데의 통칭이다. 일상에 없어선 안 되는 쌀처럼 꼭 필요한 인물이라는 뜻에서 '고메고로사'로도 불렸다 의 말이 맞소. 치쿠젠노카미가 말한 대로 산보시 님을 천하인으로 모시도록 합시다. 치쿠젠노카미의 복통이 나으면 이쪽으로 오라 하시오. 이것으로 회의를 끝내겠소."

완패로 끝난 가쓰이에의 프레젠테이션. 히데요시의 제안을 수용하면서 가쓰이에는 또다시 '천하인'이라는 어휘를 사용했다. 어린 산보시를 천하인으로 삼아야 하는 불안한 현실, '이런 어린아이를 내세워 정말 우리가 천하를 통일할 수 있을까' 하는 의구심을 필두 가로로서 다시 한 번 제시하고 싶었던 것이리라.

가쓰이에가 이렇게
프레젠테이션 했더라면

가쓰이에를 위한 뼈아픈 조언

이렇게 해서 기요스 회의의 주요 의제였던 후계자 선발이 끝났다. 히데요시의 승리로 막을 내렸는데, 과연 가쓰이에에게 반전의 기회는 없었을까? 만일 이런 접근이었다면 흐름이 달라졌을지도 모를 프레젠테이션의 안을 생각해 보았다.

① 평가의 기준 제시

우리는 아직 천하통일로 가는 과정에 있다. 언젠가 싸우지 않으면 안 될 적에는 모리, 호조, 우에스기가 있다. 오다 가의 후계자가 되었을 때 그들이 가장 난처해할 인물이 누구인가 하는 관점에서 나의 프레젠테이션을 들어주기 바란다.

② 현재 상태의 파악

노부나가 님의 유지를 이어받아 천하통일을 이루고 싶다. 그러나 현재 지배할 수 있는 영지는 전국의 1/3도 되지 않는다. 또 노부나가 님의 죽음으로 각 지역의 농민 폭동과 우리에게 맞서는 다이묘들의 기세가 갈수록 거세지고 있다. 한때는 오다 세력이 지배했던 고신 지방을 빼앗겼고, 간토는 호조에게로 돌아갔다. 도호쿠는 다테를 비롯한 다이묘들, 호쿠에쓰는 우에스기. 그뿐인가, 주코쿠 지역은 모리, 시코쿠에는 정벌 직전이었던 초소카베, 규슈에는 시마즈가 건재하다. 그들은 틈만 있으면 오다 가에게 반격할 기회를 노리고 있다.

③ 향후 과제와 기회 제시

향후의 과제=천하통일을 위해서는 앞으로 여러 차례의 전쟁이 예상되는 가운데 오다 가의 군주 자리가 비어 있다는 점. 오다 가의 사람들, 가신들 사이의 불화.

기회=야마자키 전투에서는 노부타카 님이 총대장으로, 히데요시가 활약해 미쓰히데를 없앨 수 있었다이것은 다소 무리가 있지만 노부타카에게는 부모의 원수를 갚는 일로, 노부타카가 도착한 후에 싸움을 시작한 것은 사실이다. 미쓰히데와는 한 집안인 호소카와와 쓰쓰이가 우리 편을 들어 준 것처럼 노부타카 님을 비롯한 오다 가에 대한 신뢰는 노부나가 님이 돌아가신 후에도 흔들림이 없다.

④ 해결해야 할 과제 제시

노부나가 님의 죽음으로 기세가 높아진 각 지역의 다이묘와 농민 폭동을 제압해 천하통일을 이루기 위해서는 오다 가와 가신들이 한마음으로 매진해야 한다.

⑤ 구체적인 해결책 제시

천하통일을 목표로 했던 노부나가 님의 유지를 받들 후계자를 고르고 싶다. 가신들을 하나로 묶어 천하통일을 이룰 인물은 누구인가. 오다 가에서 무장으로서 지위가 가장 높은 사람이 좋다고 생각한다. 바로 혼노지의 변이 일어나기 직전 시코쿠 정벌의 사령관에 임명된 노부타카 님이다. 부관으로 따른 것은 이곳에 있는 히데요시와 이케다 두 명. 야마자키 전투에서도 총대장은 노부타카 님이었고, 부관은 히데요시였다. 즉, 노부타카 님은 이미 우리 모두의 위에 있다. 노부타카 님의 지휘 하에 나 가쓰이에도 늙은 몸이지만 최선을 다해 천하통일을 위한 전투에 출전할 각오가 되어 있다.

이상과 같이 가쓰이에가 프레젠테이션을 했어야 한다고 생각한다. 사족이지만, 조금 더 보충해 보자.

①의 평가 기준을 제시한 부분. 적이 싫어할 안은 어느 것일까, 하는 제시법은 광고 전략의 프레젠테이션에서도 효과적이다. 어떤 안이 좋으냐 하는 선택은 선뜻 판단하기 어렵지만 경쟁 회사가 싫어할 안은 상대적으로 선택하기 쉽다. 또한 그것은 전략으로서 핵심을 찌른 것이 된다. 적이 싫어할 군주는 누구인가, 하는 기준을 모두에게 제시한 뒤 오다 가가 직면해 있는 위기 상황을 호소함으로써 강한 군주를 선택하지 않으면 안 된다고 강조한다.

방면군 사령관으로 가신을 이끈 경험이 있고, 오다 가를 상징하는 깃발이 되어 미쓰히데를 죽인 실적이 있는 것은 노부타카뿐이다. 그렇게 전개했다면 회의의 흐름을 단번에 바꿔 놓을 수 있지 않았을까.

누가 프레젠테이션 하는가가 중요하다

프레젠테이션에서는 제안 내용도 중요하지만 제안하는 사람이 누구인가에 따라 평가가 크게 달라진다. 시바타 가쓰이에를 '하라아시키腹悪しき'라고 평하는 사람도 있는데, 화를 잘 낸다는 의미다. 누구보다 적진에 가장 먼저 돌진했고, 61세의 고령인 현재까지도 몸 사리지 않고 언제나 앞장서서 많은 전쟁을 치러 온 가쓰이에. 천하의 노부나가 밑에서 필두 가로 자리를 차지한다는 것은 결코 녹록한 일이 아닌데, 심지어 그는 주군을 한 번 배신한 전력이 있음에도 오다

가 내에서 승승장구했다. 그만큼 실력이 탄탄했다는 방증일 것이다. 그런 가쓰이에의 입장에서 보면 젊은 무장을 비롯해 가신들의 굼뜬 행동에 화를 내는 것도 무리는 아니지만 아무튼 사람들이 가까이 하기 꺼려지는 인물이었던 것만은 분명해 보인다.

반면 히데요시는 천성이 애교와 재치가 넘치는 사람이다. 많은 이들이 히데요시에 대해 평하기를 그에게는 사람을 홀리는 재주가 있다고 말한다. 이 사람을 위해서라면 힘이 되고 싶다, 이 사람이 기뻐하는 얼굴을 보고 싶다―. 그런 생각이 들게 하는 사람은 예외 없이 어린아이 같은 기질, 즉 어딘가 유치하면서도 천진난만한 부분이 있다. 그는 항상 봄바람 같은 부드러운 마음으로 사람들의 마음을 환하게 만든다.

광고회사 영업 출신 임원 가운데 그런 사람이 있었다. 지사장으로 있을 때 그가 이렇게 투덜대는 소리를 들은 적이 있다.

"요즘 영업부원 중에는 고객 쪽 홍보 담당자의 집이 어딘지도 모르는 인간이 있는데, 그래서 어떻게 일을 하겠다는 거야?"

고객의 집의 위치를 아는 것이 일의 첫 단계이고, 거기서부터 영업이 시작된다는 지적이다.

"남편이 집을 비웠을 때 찾아가서 남편의 험담을 안주로 부인과 맥주를 마실 수 있을 정도로 친해지지 않고 제대로 영업이 되겠냐고!"

직장상사 부인의 입김은 직장상사와 부하직원 사이에서도 소홀히 할 수 없는 부분이다. 나름대로 일을 잘해도 상사 부인이 "그 사람,

난 싫더라" 하고 말해 버리면 상사의 평가는 이내 흔들리기 시작한다. 반대로 "그 사람, 참 괜찮은 것 같다!" 하고 말하면 상사 역시 그런 눈으로 부하를 보게 된다. 즉, 부하에 대한 상사의 평가는 집에서 그런 식으로 덧칠되는 것이다.

히데요시가 노부나가의 정실과 측실의 호감을 얻었는지 어땠는지 자료를 찾아보았는데, 자세한 정보는 얻을 수 없었다. 추측컨대, 노부나가가 그를 마음에 들어 했기 때문에 '히데요시는 재미있는 사람이에요' 하는 정도의 성원은 보내지 않았을까.

히데요시가 기요스 회의에 출석한 이케다 쓰네오키의 어머니노부나가의 유모이기도 하다.인 요토쿠인에게 보낸 편지가 몇 통 남아 있다.

> 절에 불공드리러 가실 때나 꽃구경 가실 때 이쪽에 들러 주십시오. 제 어머니처럼 정성껏 식사 대접해 올리겠습니다. 교토나 사카이에도 제 어머니와 같이 다니십시오…….

혼노지의 변이 일어나기 전, 히데요시가 히메지 성의 성주로 있을 때 보낸 편지는 대략 이런 내용으로, 노인이 좋아할 만한 말들이 적혀 있다.

쓰네오키는 나중에 히데요시의 가신이 되어 나가쿠테 전투에서 전사한다. 죽은 부하의 어머니인 요토쿠인에게 보낸 편지에는 애도의 말 다음에 이런 글이 이어진다.

앞으로는 이 히데요시를 볼 때마다 쓰네오키라고 생각하십시오. 지금은 바빠서 갈 수 없지만 조만간 시간을 만들어 찾아뵙겠습니다. 그때는 쓰네오키에 대한 이야기를 나눌 수 있을 겁니다. 마음이 어떠실지 생각하면 죄스럽기만 합니다.

노부나가가 살아 있을 때나 죽은 뒤나 히데요시는 그의 유모였던 사람들에게 태도를 바꾸지 않는다. 히데요시가 단지 출세를 위해 남의 비위를 맞췄다는 것은 너무 단편적인 생각이다. 그는 자신이 좋아하는 사람을 기쁘게 해 주는 것을 천성적으로 좋아하는 사람이었다.

프레젠테이션presentation이라는 말에는 'present'와 또 하나 'presence 존재, 인격'라는 의미가 숨어 있다. 기획안과 자신의 존재를 한 쌍으로 하여 상대를 설득하고 자기 자신과 같은 감정이 되게 하는 것이 바로 프레젠테이션이다.

프레젠테이션이라고 하면 뭔가 대단한 일처럼 들리지만 쉽게 생각하면 평소 나누는 커뮤니케이션의 연장일 뿐이다. 나름 근사해 보이는 이탈리안 레스토랑에 "저랑 같이 식사하러 가실래요?" 하고 데이트 신청하는 것도 일종의 프레젠테이션이다. 맛있는 요리를 먹을 수 있다고 아무리 어필해도 그것만으로는 충분하지 않다. 상대가 당신의 존재 그 자체, 즉 'presence'에서 매력을 느껴야 한다. 그것이 바로 프레젠테이션이 성공을 거두기 위한 결정적 요소이다.

가쓰이에가 프레젠테이션 할 때와 히데요시가 할 때 출석자들의 표정에 상당한 차이가 있었을 것이다. 그 점을 생각하면 내가 조언한 대로 프레젠테이션 했다 하더라도 이미 가쓰이에에게는 승산이 없었을지 모른다.

만회를 노린 가쓰이에 vs.
대량 득점을 노린 히데요시

히데요시가 '장난감 인형'을 만든 이유

회의는 어느새 새로운 주군에게 가신들이 인사하는 차례에 대한 의제로 바뀌어 있었다. 한순간에 위신과 체면을 잃게 된 가쓰이에는 곧바로 반격에 나섰다.

주군에게 인사하는 순서는 가신의 서열을 의미한다. 따라서 필두 가로로서 가쓰이에의 존재감을 과시할 수 있는 자리다. 가쓰이에는 맨 앞에 자신의 이름을 적었다. 히데요시는 네 번째였다. 히데요시의 서열이 자신보다 낮다는 것을 가신들에게 보여 주어 기를 꺾어 놓으려는 속셈이었다.

"이것으로 이견은 없소?"

설령 자신의 제안에 반대하는 의견이 있다 하더라도 과감히 밀어붙일 작정인 가쓰이에게 히데요시가 공손히 말했다.

"저는 산보시 님의 아버지인 노부타다 님의 은혜를 입었습니다. 그래서 사람들이 많이 모이는 날에는 뒤에서 조용히 산보시 님을 지켜 드리고 싶습니다. 그러니 인사 차례에서는 제 이름을 빼 주시기 바랍니다."

히데요시의 말에 가쓰이에는 맥이 빠졌다. 그 자리에 출석한 모든 사람들이 히데요시의 겸손한 태도를 칭찬하며 인사 차례에서 그의 이름을 빼기로 했다.

회의가 끝난 직후 히데요시는 장난감을 만드는 장인 수십 명을 모아 밤새 인형과 말과 새를 만들게 했다. 인형에는 화려한 옷을 입히고, 말에는 작은 안장도 얹었다.

다음 날 아침, 히데요시는 네모난 커다란 옷상자에 장난감을 가득 담아 성으로 갖고 가서 산보시를 만났다. 하녀를 통해 인형을 손에 쥐어 주자 산보시는 무척이나 기뻐했다. 이번에는 히데요시가 직접 장난감을 건네주었다. 그렇게 여러 차례 장난감을 건네면서 어느 정도 낯을 익힌 다음 산보시를 번쩍 들어 품에 안았다. 산보시는 울지 않았다.

다음 날에는 장난감이 아닌 살아 있는 망아지를 준비해 유아용 마구를 제대로 갖춘 다음 망아지 등에 얹어 성으로 끌고 갔다. 그러자 산보시는 히데요시를 보고 "할아버지, 할아버지……." 하며 안아 달라고 떼를 썼다. 히데요시가 산보시를 망아지에 태워 주자 전날의 장난감보다 몇 배 더 좋아했다. 산보시는 히데요시와 있는 동안은 유모도 찾지 않고 무척이나 즐겁게 놀았다.

드디어 가신들이 산보시에게 인사하는 날이 왔다. 모두들 긴장해서 앉아 있는 자리에 산보시를 품에 안은 히데요시가 들어오더니 주인을 위해 마련된 자리에 앉았다. 가쓰이에를 비롯한 가신들이 차례로 바닥에 머리를 숙이며 정중하게 인사했다. 산보시를 한쪽 무릎에 앉힌 히데요시는 그 인사를 고개를 끄덕이며 받아 주었다.

"마치 노부나가 님이 인사를 받을 때 같잖아!"

가신들 사이에서 키득키득 웃음이 새어 나왔다. 이런 일을 아무렇지도 않은 듯 넉살좋게 해내는 사람이 바로 히데요시다. 히데요시의 서열이 자신보다 낮은 것을 모든 사람들에게 보여 줌으로써 기를 죽이려 했던 가쓰이에의 만회 작전을 단숨에 봉쇄한 것은 물론이고 추가 대량 득점까지 노린 것이다. 노부나가의 위신을 그대로 자신에게 투영시키는 고도의 이미지 전략. 기요스 회의의 승리에 이어 노부나가의 뒤를 이을 사람은 누구인가 하는 것을 모든 사람에게 유감없이 보여 준 히데요시의 또 다른 프레젠테이션이었던 것이다. 가쓰이에의 전략이 다소 경직되고 융통성 없었던 데 반해 히데요시의 전략은 늘 명분에 인기까지 덤으로 얻는 꿩 먹고 알 먹고 식의 산뜻한 방식이었다. 그는 심각한 상황에서도 개구쟁이와 같은 장난기를 잃지 않는 남자였다.

히데요시의 그런 점이 가쓰이에에게는 용납되지 않았다. 졸지에 자신이 바보 취급 당한 것만으로도 극도로 화가 났지만 그보다 더 큰 문제는 오다 가를 집어삼키려는 히데요시의 계획이 더욱 명백해졌다고 생각했다. 그날 밤, 가신 몇 명이 가쓰이에의 거처에 모였다. 그중 하나가 이렇게 말했다.

"우리가 히데요시에게 인사를 올리게 될 거라곤 생각지도 못했어요."

그 이야기를 듣고 모두들 한바탕 웃음을 터뜨렸다. 히데요시라는 변변치 못한 위인에게 그런 황당한 일을 당했는데도 오다 가를 통째로 집어삼키려는 놈의 괘씸한 계획이 저들의 눈에는 보이지 않는 걸까―. 가쓰이에는 씁쓸한 표정으로 이렇게 말했다.

"이미 끝난 일이오. 그런 간사한 꾀를 부리는 자라면 장차 무슨 일을 벌일지 알 수 없소. 그래서 한 가지 여러분과 논의하고 싶은 게 있는데……."

가쓰이에는 목소리를 낮췄다.

"모레는 산보시 님이 주군이 되신 지 사흘째 되는 날로 모두가 성에 모이게 될 것이오. 나는 히데요시가 성에 들어올 때나 아니면 축하 자리가 끝난 뒤 기회를 봐서 자결케 할 것이오."

가쓰이에는 이렇게 말하며 사람들의 동의를 구했다. 가쓰이에는 그 모의에 참가한 가신들이 모두 자기와 같은 생각을 가졌다고 믿어 의심치 않았던 것 같다. 한데, 공교롭게도 그들 가운데는 나가히데도 있었다. 나는 이 부분이 잘 이해가 되지 않는다. 기요스 회의 때 니와가 했던 발언을 생각하면 그가 히데요시와 뜻을 같이한다는 것을 눈치 챘어야 마땅하지 않은가! 그런데 어찌된 영문인지 가쓰이에는 오다 가에서 자신에게 버금갈 정도의 막강한 영향력을 가진 니와가 자기편이라 철석같이 믿고 있었다. 가쓰이에는 잔혹한 사람이긴 해도 비열한 권모술수 따위는 부리지 않는 담백한 사람이었던 것이다.

아무튼 니와한테서 모종의 음모가 추진되고 있다는 소식을 전해들은 히데요시는 몸이 불편하다는 핑계를 대고 일찌감치 히메지 성으로 돌아갔다.

가신들의 후일담

가쓰이에는 회의가 끝난 뒤 노부나가의 여동생 오이치를 아내로 맞아 에치젠의 기타노쇼로 돌아갔다. 오이치는 일본 제일의 미녀로, 아사이 나가마사에게 시집가 슬하에 1남 3녀를 두었는데, 노부나가의 공격으로 아사이는 자결하고 장남도 살해되었다. 그녀는 자식을 위해 절대 스스로 목숨을 끊지 말라는 나가마사의 명령으로 딸들을 보살피며 9년을 지냈다. 그녀가 새로 결혼한 가쓰이에와는 무려 25

살의 나이 차가 났다.

가쓰이에는 왜 오이치와의 결혼을 선택했을까? 순수한 호의와 동정심 때문이기도 하겠지만 그보다는 내심 오다 가와의 유대를 더욱 튼튼히 다지고 싶다는 계산도 들어 있었을 것이다. 혼인은 노부타카의 강력한 권유로 이루어졌다고 하는데, 사실 노부타카야말로 가쓰이에의 후원을 확실히 보장받아 놓을 필요가 있었다.

3남 노부타카는 예전 노부나가의 영지인 미노를 상속받고 기후 성으로 들어갔다. 불에 탄 아즈치 성에 임시 거처가 완성될 때까지라는 약속으로 산보시를 맡았는데, 거처가 완성된 후에도 그는 산보시를 보내려 하지 않았다. 산보시를 데리고 있는 쪽이 마치 옥쇄를 손에 쥔 듯 명분에서 확실한 우위를 점할 수 있기 때문이었다. 가쓰이에도 노부타카에게 절대로 산보시를 보내지 말라고 조언했다.

에치젠의 가쓰이에가 눈에 갇히기를 기다린 히데요시의 군대가 노부타카의 기후 성을 둥글게 에워쌌다. 가쓰이에의 원군을 기대할 수 없게 된 노부타카는 산보시를 히데요시에게 건넬 수밖에 없었다.

히데요시는 기후 성을 포위한 채 가쓰이에의 맹우인 가즈마스를 공격했다. 산보시에게 그는 "정의를 위해 군사를 보냅니다."라고 말했다. 출진 시 그는 산보시를 말에 태워 군대를 사열하게 했다고 하는데, 어린 아이가 그 의미를 알 리가 없었다.

공격당한 가즈마스의 항복은 이제 시간 문제였다. 그때 가쓰이에의 군세가 눈을 헤치고 에치젠을 나왔다.

시즈가오카시가현 이카군 일대에서 히데요시 군은 가쓰이에 군과 대치하게 되었다. 서로의 속셈을 서로를 날카롭게 꿰뚫고 있는 두 사람은 먼저 움직이는 쪽이 불리해진다는 것을 알고 있었기 때문에 싸움은 장기전이 될 수밖에 없었다. 가쓰이에의 출진에 기후 성의 노부타카가 가세했다. 히데요시는 아직 항복하지 않은 가즈마스를 포함해 세 방향의 적을 상대해야 했다. 가쓰이에 군의 움직임을 눈치 채고 오가키 성에 있던 히데요시는 주력군을 이끌고 시즈가오카로 향했다. 52km의 녹록치 않은 거리를 대군을 이끌고 불과 5시간 만에 이동하는, 그야말로 성난 물결과도 같이 빠른 행군이었다.

전투가 절정에 이르렀을 때 마에다 도시이에 등이 전선을 이탈하면서 가쓰이에 세력은 패군이 되어 눈사태처럼 우르르 무너져 내렸고, 병사들은 모두 혼비백산하여 도주했다. 마에다는 가쓰이에의 심복이 아니었다. 가쓰이에는 그에게 단순한 상관에 지나지 않았다. 젊은 시절부터 사이가 좋았던 히데요시와 마에다는 비록 한편이 되지는 못하더라도 절대 서로 싸우지 않는다는 밀약을 한 사이였다. 간신히 도망쳐 기타노쇼로 돌아온 가쓰이에의 뒤를 추격한 히데요시 군이 그의 성을 포위했다.

마침내 히데요시와 가쓰이에의 최후의 결전이 벌어졌고, 승리는 히데요시에게 돌아갔다. 히데요시는 오이치와 그녀의 세 딸에게 성에서 나오라고 명령했고, 오이치의 애원으로 딸들은 겨우 목숨을 건질 수 있었다. 그리고 그녀는 가쓰이에와 함께 파란만장했던 자신의 생을 마감하는 길을 택한다. 화약을 쌓아 올린 천수각에 불꽃이 일고 굉음과 함께 폭발이 일어났다.

가쓰이에의 패전 소식을 들은 노부타카의 가신들은 30명도 안 되게 남았을 뿐 나머지는 전부 히데요시에게로 돌아섰다. 은밀히 성에서 도망친 노부타카를 노부나가의 차남 노부카쓰가 추격했다. 히데요시로부터 의미 있는 말을 들은 노부카쓰는 자신이 오다 가의 상속인이 될 수 있다고 믿고 있었던 것이다. 노부카쓰의 맹렬한 추격을 받은 노부타카는 막다른 길에 이르러 스스로 목숨을 끊었고, 가쓰이에의 맹우였던 가즈마스도 항복했다.

그 후 노부카쓰는 히데요시에게 이용당한 사실을 알게 된다. 그대로는 '천하인'이 될 수 없다고 판단한 노부카쓰는 도쿠가와 이에야스에게 도움을 청한다. 그로 인해 히데요시와 이에야스가 대결하는 고마키·나가쿠테 전투가 벌어진다. 전투는 장기전의 양상을 보였지만 서로에게 좋은 조건에서 싸움을 끝내자는 히데요시의 제안에 노부카쓰가 멋대로 응했기 때문에 이에야스는 싸울 명분을 잃고 휴전에 들어간다. 이때 노부카쓰는 히데요시와 강화를 약속했다는 사실을 이에야스에게 알리지 않는 황당한 행동을 한다. 그 바람에 노부카쓰의 애원으로 전쟁에 뛰어들었던 이에야스야말로 우스운 꼴이 되고 말았다.

"어이, 나를 끌어들이고는 멋대로 화해를 해 버리다니 제정신인가? 이게 어디 미처 알리지 못했다는 변명으로 끝날 일이야!"

이에야스의 이런 불평이 가까이서 들려오는 것만 같다.

이윽고 도요토미 히데요시의 세상이 찾아오고 노부카쓰는 그의 말 벗 가운데 한 사람이 되었다는데, 과연 두 사람은 어떤 대화를 나눴을까?

노부나가의 4남으로 히데요시의 양자가 된 오쓰기마루<small>관례 후 히데카쓰로 개명</small>는 병약해 19세의 나이로 죽고 만다. 그리고 산보시는 천하인이 되지 못했다. 9세에 관례를 올리고 오다 히데노부로 이름을 바꾸는데, 히데요시가 천하통일을 이루고 2년이 지난 13세에 미노의 13만 석<small>다이묘의 봉록의 단위</small>을 받고 기후 성의 성주가 된다. 오다 노부나가가 아즈치로 이주하기 전 10년간 천하통일의 꿈을 키웠던 성이다.

뭔가 마음에 걸리는 것이 있어서 『각천태합기』를 다시 읽어 보았다. 기요스 회의의 프레젠테이션에서 산보시를 추천했을 때 히데요시는 한 번도 '천하인'이라는 말을 하지 않았다. '가문을 이을 후계자'로서 정통성 있는 인물인 산보시 안을 제안한 것이다. 따라서 기요스 회의로부터 10년이 지난 시점에 오다 가의 후계자가 된 산보시에게 기후 성을 내어 준 것은 히데요시로서는 나름 타당한 행동이었을 것이다.

히데카쓰<small>산보시</small>는 18세에 기독교 신자가 된다. 그런 한편으로 그는 불교 보호에도 힘을 쏟았다. 세키가하라 전투<small>전국시대의 혼란을 종결한 싸움으로, 도쿠가와 시대를 연 대결전</small>에서는 이시다 미쓰나리가 이끄는 서군에서 싸웠다. 동군에게 쫓긴 히데카쓰는 기후 성에서 버티다가 자결하려 하였으나 상대의 설득에 따라 항복한다. 미노국은 몰수당하고 히데카쓰는 고야산으로 보내진다. 노부나가가 고야산을 공격한 과거가 있기 때문에 일단 거절하지만, 결국 수용하고 수행승의 생활을 시작한다. 그의 입산에 반대하는 세력의 압력은 그 후에도 계속되는데, 26세 때 고야산에서 추방된 다음 어떻게 되었는지 소식을 알 길이 없다.

마지막으로, 기요스 회의에서 히데요시에게 협력한 나가히데에 대해 알아보자. 시즈가오카 싸움에서 중립을 선언하면서도 히데요시를 도와 큰 공을 세운 니와는 그 시점까지도 산보시를 모셔 오다 가를 재건하자는 히데요시의 말을 진심으로 믿었던 것 같다. 그러나 그는 노부카쓰를 이용해 노부타카를 제거하는 히데요시를 보고 그제야 오다 가를 손에 넣으려는 그의 계획을 간파했다.

니와는 에치젠에서부터 모리를 비롯한 다이묘들에게 편지를 돌려 잔꾀를 부리기 시작한다. 그런 그의 움직임을 수상히 여긴 히데요시가 오사카 성에서 만나자고 요청하지만 병을 이유로 거절한다. 여러 번 요청에도 따르지 않는 나가히데에게 히데요시는 편지를 썼다. 『각천태합기』의 일부를 현대어로 옮기면 다음과 같다.

지금 내가 천하에 군림할 수 있는 것은 모두 니와의 덕이오. 앞으로는 그대와 천하를 교대로 다스리고 싶으니 오사카 성과 천하를 맡으시오. 대신 내가 그쪽 성으로 옮겨 가겠소.

진심일 리야 없지만 어쨌든 관계 회복을 위해 이런 엄청난 제안까지 거침없이 하는 히데요시의 편지를 읽으며 니와는 눈물을 흘렸다. 그리고 "몸이 아프다고 한 것은 거짓이 아니다. 병이 낫는 대로 직접 찾아가겠다."라는 취지의 답장을 보낸다.

니와 일행이 성을 나서 오사카 성 근처인 히라카타오사카 부 히라카타 시까지 왔을 때 뜻밖의 광경을 보게 된다. 20명 정도의 부하와 갑옷 차림의 무사 한 명. 유일하게 무사만이 말을 타고 있다. 갑옷 차림은 전장을 누볐던 시절의 두 사람으로 돌아가자는 메시지일까. '아아, 이 남자에게 또 반했다!' 증오심에 가까웠던 니와의 감정이 감동으로 변하는 순간이었다. 나가히데는 결국 히데요시의 충직한 가신이 되었다.

교훈

- 확실한 명분과 빈틈없는 논리로 경쟁자를 제압하라!
- 누구도 상상하지 못하는 기발한 아이디어로 경쟁자의 허를 찔러라!
- 나무를 옮겨 심을 때 사전작업을 통해 잔뿌리가 내리게 하듯 당신의 기획이 상대의 머릿속에 뿌리내리도록 치밀하게 사전작업을 하라!
- 프레젠테이션을 성공한 뒤가 더 중요하다. 성공 후 사후 관리를 소홀히 하지 마라!

예카테리나 여제는 왜 고다유 일행의 귀국을 허락하고
더 나아가 적극적으로 돕기까지 했을까?
일본으로 귀국할 수 있는 문을 연 결정적인 열쇠는
프레젠테이션이었다. 고다유를 전심전력을 다해 지원해 준
러시아인 박물학자의 문서에 의한 프레젠테이션.
'러시아가 고다유를 돌려보내고 싶은 마음이 들게 하는
프레젠테이션'을 그는 멋지게 성공시킨 것이다.
누구에게 무언가를 부탁할 때는 잘 부탁한다는 말만으로는
통하지 않는 법이다. 상대의 마음을 움직여야만
가능한 것이다. 자신의 바람이 탄원으로 끝나지 않고
그야말로 상대의 마음을 뒤흔들어 놓는 살아 있는
프레젠테이션. 그 본보기가 여기에 있다.

PART

4

DAIKOKUYA KODAYU

고다유의
고국 귀환
프레젠테이션

Daikokuya Kōdayū

다이코쿠야 고다유라는 이름을 들어 본 적이 있는가? 소설 『러시아 이야기』와 『다이코쿠야 고다유』의 주인공으로, 그의 파란만장하고 드라마틱한 이야기가 영화로 만들어지기도 했다.

배의 선장인 고다유는 천 석의 쌀을 싣고 에도로 향하던 중 폭풍우를 만나 표류하게 된다. 낯선 나라의 어느 섬에 도착한 뒤 극도의 굶주림과 추위로 동고동락해 온 선원들을 잃어 가는 와중에도 포기하지 않고 끊임없이 길을 찾고 또 찾는 고다유. 대국 러시아의 동쪽 끝에서 서쪽 끝까지 수천 킬로미터를 여행하는 고다유의 이야기에는 박진감 넘치는 모험이 있고, 우정이 있고, 불굴의 정신이 살아 있다.

또한 그 과정에서 그의 인간적인 매력에 반하고 감동한 왕족 및 귀족 가족들과의 사이에 우정이 싹트고 발전하기도 한다. 한편으로는 매우 처절하고 비참한 이야기인 동시에 그 어떤 역경에도 굴하지 않고 적극적으로 운명을 개척해 가는 고다유의 모습이 단순한 감동을 넘어 통쾌함마저 느끼게 한다. 나도 예전에 그에 관한 소설을 무척이나 재미있게 읽은 독자 가운데 하나이다. 아무튼 파란만장한 그의 스토리는 10년여 만에 강력한 쇄국정책을 펴는 일본으로 무사히 귀국하는 것으로 마무리된다.

어느 날 나는 문득 이런 의문이 들었다. '어떻게 고다유가 그런 최악의 조건을 딛고 일본으로 돌아올 수 있었을까?' 결론부터 말하자면, 그는 러시아의 여황제 예카테리나 2세를 알현하고 자기 나라 일본으로 돌아갈 수 있도록 배를 내달라고 탄원하고, 그의 뜻대로 여황제는 배를 내준다. 그게 뭐가 이상하냐고 따져 묻고 싶겠지만 내겐 그 부분에서 이해가 안 가는 점이 있다.

고다유 일행의 처지를 딱하게 여긴 여황제의 순수한 동정심에서 비롯된 조처로 귀국을 인정받았다고 한다면 뭐 그럴 수도 있다고 받아들일 수도 있겠지만 어딘가 조작의 냄새가 난다. '돌아갈 수 없다'라고 대답할 가능성은 낮지 않을까? 배알은 자애로운 여황제를 연출하는 자리에 불과했다고 생각하는 것이 좀 더 자연스럽지 않을까. 그럼 그의 일행을 그들의 나라로 돌아가도록 돕겠다는 결정은 어떤 경위로 이루어졌을까?

결론부터 이야기해 보자. 동정심만으로 배를 내줄 수는 없다. 그렇다면 예카테리나 여제는 왜 고다유 일행의 귀국을 허락하고 더 나아가 적극적으로 돕기까지 했을까? 일본으로 귀국할 수 있는 문을 연 결정적인 열쇠는 프레젠테이션이었다. 고다유를 전심전력을 다해 지원해 준 러시아인 박물학자의 문서에 의한 프레젠테이션. '러시아가 고다유 일행을 돌려보내고 싶은 마음이 들게 하는 프레젠테이션'을 그는 멋지게 성공시킨 것이다.

누구에게 무언가를 부탁할 때는 잘 부탁한다는 말만으로는 통하지 않는 법이다. 상대의 마음을 움직여야만 가능한 것이다. 자신의 바람이 탄원으로 끝나지 않고 그야말로 상대의 마음을 뒤흔들어 놓는 살아 있는 프레젠테이션. 그 본보기가 여기에 있다.

표류, 그리고 페테르부르크로

표류, 그리고 외딴 섬에서의 4년

먼저 프레젠테이션 문서가 제출되기까지의 경위를 살펴보자. 나는 다이코쿠야 고다유가 일본에서 폭풍우를 만나 러시아의 수도 페테르부르크에 도착하기까지의 8년이라는 시간을 더듬어 보기로 했다. 뱃길 안내를 부탁한 것은 의사이자 난학자였던 가쓰라가와 호슈의 『북사문략』이다. 귀국한 고다유로부터 청취한 내용을 바탕으로 쓴 글을 쇼군에게 헌상하기 위해 정리한 지리책이다.

당시 고다유는 32세로, 이세의 해운업자에게 고용된 선장이었다.

대형선의 선장이 된 지 겨우 2년. 다이코쿠야 고다유라는 이름에는 왠지 파란만장한 인생의 여운이 느껴지는데, 이것은 선장으로서의 이름이고 아버지가 지어 준 이름은 효조이다.

1782년 12월 천석선짐을 싣는 큰 배 신쇼마루 호는 에도를 향해 이세의 시로코를 출항했다. 승선원은 고다유를 비롯한 17명. 사흘 뒤에는 에도에서 따뜻한 물로 소금기를 씻어 낼 수 있을 터였다.

이세 상인오사카 상인, 오미 상인과 나란히 일본 3대 상인 가운데 하나 집안에서 태어난 고다유는 에도의 목면 도매상 견습 점원으로 일하게 된다. 원래 외갓집에서 운영하는 본점의 에도 지점이라서 도련님의 '가업 수행'이라고 할 수 있었다. 28세에 이세로 돌아갈 때까지 그는 10년 남짓 에도에서 지냈다. 때는 다누마 시대에도 막부의 정권을 주도했던 다누마 오키쓰구가 중상주의 정책을 폈다. — 옮긴이였다. 피폐해 가는 농촌과는 대조적으로 일본의 부가 에도에 집중되어 자유로운 분위기 속에서 에도 문화를 꽃피웠다. 고다유도 풍류를 즐기는 인물이었던 듯 대형선의 선장이 된 후에도 퉁소와 조루리전통 악기인 샤미센 반주에 맞춰 이야기를 하는 서사가요 — 옮긴이 책을 갖고 다니면서 시간이 날 때마다 꺼내어 무료함을 달랬다.

출항 시 불었던 강한 서풍은 앞바다로 나오자마자 비를 불렀다. 엔슈나다에서는 폭풍우로 파도가 거세게 일면서 돛이 날아가고 노까지 부러져 버렸다. 신쇼마루 호는 거칠게 날뛰는 밤바다 속으로 속수무책으로 떠내려갔다. 날이 밝으면서 돛대마저 부러지자 배가 전복되지 않도록 갑판에 쌓아 두었던 짐을 전부 바다에 던져 버려야 했다.

열흘 이상 계속된 폭풍우가 겨우 잠잠해졌을 때는 망망대해 한가운데 신쇼마루 호만이 외롭게 떠 있었다. 그나마 다행이었던 것은 아직 쌀이 '팔 수 있을 만큼' 충분히 남아 있다는 점이었다. 어쨌든 기슈 빈다이묘가 지배했던 통치 기구에서 맡긴 쌀이 5백 섬이나 있었던 것이다. 쌀 외에는 면제품과 약, 종이, 식기류가 남아 있었다. 또한 에도에서 물건을 매입하기 위해 지참하고 있던 금화와 은전도 꽤 됐다.

표류는 8개월 남짓 지속되었다. 그동안 마실 물이 바닥나는 참담한 순간도 있었지만 다행히 머지않아 비가 내려 위기를 모면할 수 있었다. 배는 알래스카에서 서남쪽으로 이어지는 알류산 열도까지 떠내려가 알류산 열도 서쪽에 위치한 암치카 섬에 닿았다. 섬을 발견하기 며칠 전, 선원 가운데 최초의 희생자가 나왔다. 영양 부족으로 죽은 것이다.

섬에는 사람인지 도깨비인지 구분이 안 될 정도로 독특한 외모를 가진 원주민들이 살고 있었다. 또 그들을 지배하며 불공평한 물물교환으로 모피 거래를 하는 러시아인들도 발견했다. 러시아인은 짙은 붉은색 상의를 입고 있었다. 고다유는 그들의 모습을 보며 에도에 있을 때 들은 에조치홋카이도의 옛 이름 — 옮긴이에 출몰하는 '붉은 에조'에 대한 소문을 떠올렸다.

러시아인과의 문화 교류는 고다유 일행을 깜짝 놀라게 한 환영 축포로부터 시작되었다. 서로 필담을 시도했지만 그게 통할 리가 없었다. 고다유 일행이 갓 지은 밥으로 주먹밥을 만들어 나눠 주면 러시아인들은 무척이나 좋아했다. 거기서부터 시작해 보디랭귀지를 활용한 커뮤니케이션으로 발전해 나갔다. 섬에는 러시아 모피 수렵단의 사령부가 있었는데, 총 60여 명의 사냥꾼들이 인근 섬에 나가 바다표범과 해달을 사냥했다.

반년이 지나도 말은 거의 통하지 않았다. 핵심 키워드를 발견한 것은 19세의 이소키치後に 고다유와 같이 일본으로 귀환한다.였다. 러시아인이 이소키치가 갖고 있던 물건을 보고 '에따 쉬또 Этоuто?' 하고 여러 번 말했다. 순간 이소키치는 옆에 있던 냄비를 가리키며 같은 말을 해 보았다. 상대는 '까쫄 Котел, 냄비' 하고 대답했다. '에따 쉬또'는 '이게 뭐냐?'라는 의미다. 그 일을 계기로 차츰 이해할 수 있는 단어가 하나 둘 늘어 가면서 비록 떠듬거리는 수준이지만 그럭저럭 의사소통을 할 수 있게 되었다.

섬의 러시아인들을 데려가기 위해 러시아 배가 도착한 것은 그로부터 만 3년이 지났을 무렵이었다. 러시아인들에게는 5년 만의 귀국이 될 터였는데, 불행하게도 거센 풍랑 때문에 접안에 실패한 배는 완전히 부서져 버리고 말았다. 그 일로 인한 러시아인들의 충격은 매우 컸다.

그 후 1년 반쯤 시간이 지났을 때 물가에 그대로 방치되어 있는 배를 활용해 새로 배를 만들자는 제안이 나왔다. "캄차카라는 곳까지 가면 거기서부터는 육지로 이어지기 때문에 어떻게든 일이 풀릴 것이다. 그러니 배를 만드는 일에 협조해 달라."는 러시아인의 말에 고다유 일행은 그들이 새로 배를 만드는 일에 협력하기로 했다. 3개월 후 배가 완성되어 섬을 떠날 수 있게 되었고, 4년 1개월간의 혹독한 섬 생활을 거치며 일본인의 숫자는 9명으로 줄어 있었다. 가혹한 추위와 채소 부족 때문에 생긴 괴혈병으로 7명이 그 섬에 묻혀 흙으로 돌아가고 말았다.

다이코쿠야 고다유가 경유한 루트 (참고자료 「다이코쿠야 고다유」)

캄차카 반도에서 — 호기심 많은 수다쟁이 고다유

1787년 여름, 고다유 일행이 캄차카 반도에 도착하자 그곳의 경비 사령관이 직접 마중을 나왔다. 고다유는 경비 사령관 저택에, 나머지 8명은 서기의 집에 머물게 되었다. 그들이 고다유 일행을 대접함에 있어서 일행 간 대우에 차등을 둔 데에는 그럴 만한 이유가 있었다. 일본에서는 선장이나 선원 모두 평민 신분이지만 러시아에서는 선장의 경우 상류 계급에 속한다. 게다가 그들 일행의 짐이 호화품이다 보니 고다유를 부자 상인으로 오해한 것도 그 이유 중 하나였다. 고다유는 오가키 번주의 부인이 맡긴 하나닌교_{일본 고유 인형 — 옮긴이} 한 쌍을 비롯해 중요한 물건들을 모두 이곳까지 갖고 왔던 것이다. 고다유는 선장의 정장, 통소, 조루리 책도 잊지 않고 챙겼다.

경비 사령관 일가는 모두 친절해서 그를 가족처럼 대해 주었다. 고다유의 사정을 딱하게 여긴 경비 사령관은 여황제 예카테리나 2세에게 탄원하면 일본으로 돌아갈 수 있을지도 모른다고 조언해 주었다. 부관인 카피탄은 네덜란드인으로, 나가사키 무역을 인정받은 네덜란드 루트를 사용해 일본으로 가는 방법도 있다고 가르쳐 주었다. 고다유의 가슴에 희미한 희망의 등불이 반짝 켜지는 순간이었다.

그 당시 캄차카에 들른 프랑스 탐험가가 고다유를 목격했는데 "그는 모든 것에 호기심을 발휘하는 뛰어난 관찰자처럼 보였다.", "그는 누구나 듣고 이해하기에 충분할 만큼 수준 높은 러시아어를 구사했다. 그러나 놀랄 정도로 말이 많아서 그 발음에 익숙해지지 않으면 자칫 그의 말을 놓치게 되거나 의미를 오해할 수 있다."라고 했다.

약 4년간의 섬 생활에서 고다유는 '수다쟁이'라는 별명을 얻게 될 정도로 뛰어난 회화 실력을 갖추게 되었다. 탐험가는 그에게 좋은 인상을 받은 듯 "그의 용모에 특별한 점은 없지만 왠지 호감을 준다"라

고 적고 있다. 바르텔레미 레셉스의 『고다유 인상기』에서

　겨울이 오자 악천후에 더해 물자 수송마저 끊어져 기근이 닥쳤다. 사령관 가족과 함께 지내는 고다유는 그렇다 치더라도 나머지 8명의 생활은 말할 수 없이 비참했다. 밀가루를 담았던 가죽 주머니까지 삶아 먹으며 굶주림을 견뎠으나 결국 3명이 괴혈병으로 죽었다. 러시아 정교회의 세례를 받지 않은 이교도는 묘지 내에 매장할 수 없기 때문에 그들의 시신은 부지 밖에 묻혔다.

　5월이 되면서 강에 물고기가 올라왔다. 이어서 킹 연어떼가 강을 거슬러 올라오는 바람에 천만다행으로 살아남은 사람들은 체력을 회복할 수 있었다.

이르쿠츠크에서 두 달간 노숙 생활

　1788년 여름, 고다유 일행은 이르쿠츠크로 이송되었다. 경비 사령관은 캄차카를 떠날 때 러시아어로 쓴 탄원서를 고다유에게 건네며 그대로 옮겨 써서 이르쿠츠크 총독에게 제출하라고 했다. 이르쿠츠크에는 러시아 동방 정책의 거점으로 총독부가 설치되어 있었다. 고다유 일행 6명은 캄차카 반도를 떠나 배를 타고 일단 오호츠크 해로 가서 거기서부터 다시 육로를 통해 야쿠츠크로 향했다. 야쿠츠크까지는 거리가 1천km 남짓 되는데 그 사이에는 인가가 거의 없었

다. 그런 터라 그들은 지원받은 돈으로 노숙에 대비한 의복과 신발을 구입했다. 일행의 인솔을 맡게 된 모피 운반 운송대와 함께 그들은 5백 필의 말을 타고 길을 떠났다. 고다유 일행은 말을 타는 것이 처음이었다. 그런 터라 여러 번 말에서 떨어지고도 했지만 금세 익숙해져 어느 정도 시간이 지나자 제법 능숙하게 말을 탈 수 있게 되었다.

두 달여 간의 노숙 생활이 시작되었다. 이따금 출몰하는 큰곰을 피하기 위해 그들은 아침까지 불을 피워야 했고, 지쳐 쓰러진 말은 그대로 버려 둔 채 서둘러 길을 떠났다. 그런 여행이 계속되면서 일행은 묘한 광경을 목격하게 된다. 나무 여기저기에 담요 같은 것이 걸려서 바람에 흔들리고 있었던 것이다. 그런데 가까이 다가가 자세히 살펴보니 담요로 보였던 것은 겨울 여행에서 쓰러져 죽은 말들이었다. 나무보다 높이 쌓인 눈 위에 버려져 죽은 말은 눈이 녹으면 가지에 걸려서 뼈는 모두 바닥으로 떨어지고 가죽만 남는다고 했다. 어느새 눈발이 나부끼기 시작했다. 앞으로 뼛속깊이 경험하게 될 시베리아의 혹독한 겨울을 예감하며 고다유는 몸을 떨었다.

그들은 중간 기착지인 야쿠츠크에서 한 달 정도 머문 뒤 다시 목적지인 이르쿠츠크를 향해 떠났다. 이미 추운 겨울이 시작되었다. 이번에는 방한용 의복 등을 구입하기 위한 돈이 지급되었다. 눈과 얼음으로 덮인 길을 달리기 위해 5, 6마리의 말이 끄는 썰매가 준비되었다. 썰매 한 대에 일본인 2명씩 타고 마부는 선두의 말에 올라탔다. 출발하자마자 고다유는 귀와 볼에 동상이 걸렸다. 영하 40도 아래로 떨어지는 추위가 어떤 것인지 잘 몰랐던 터라 얼굴을 감싸는 모피를 깜빡 착용하지 않았기 때문이었다. 곳곳에 지어진 역에서 말을 갈아타고 식사와 잠도 썰매에서 해결하는 생활을 7주 동안 계속하며 장장 6천㎞를 주파했다.

마침내 썰매가 이르쿠츠크에 도착했다. 동서로 펼쳐진 러시아의 중앙부. 도시에는 러시아 정교회의 첨탑이 우뚝 솟아 있었다. 일행은 유럽 문화와 문명의 웅장함에 숨을 죽였다.

박물학자 키릴 락스만과의 운명적인 만남

고다유 일행이 이르쿠츠크 총독부에 출두하자 그들에게 일인당 동전 5개씩 지급될 것이라고 했다(이것은 하루 식사비로도 빠듯한 금액으로, 이후 다시 신청해 두 배로 상향 조정된다). 고다유 일행이 이르쿠츠크에 도착했을 때는 공교롭게도 총독의 교대 시기라서 총독 자리가 비어 있었다. 그런 까닭에 지사가 대신 탄원서를 접수했는데, 그로부터 아무런 답신도 없었다.

고다유 일행은 마을의 대장간에서 하숙을 하게 되었다. 일본인이 왔다는 소문을 듣고 하숙집을 찾아온 손님이 여럿 있었다. 50년 전 표류 끝에 쿠릴열도에 도착했던 일본인의 세 아들들이었다. 그들은 고다유 일행의 입을 통해 일본인 표류민들의 운명에 대해 알게 되었다.

사실 러시아에서 일본 표류민은 귀중한 인재였다. 당시 러시아는 빠른 기세로 동쪽으로의 진출을 시도해 캄차카 반도를 거점으로 삼고 동쪽으로는 알류샨 열도, 남쪽으로는 쿠릴열도까지 세력을 키워 나가고 있었다. 그러나 식량 보급 등의 문제가 원활히 이루어지지 않고 있던 터라 일본과의 교역에 의한 보급로 확보가 무엇보다 절박한 문제였다. 따라서 사전 준비로 자신들이 보호 중인 일본 표류민을 교사로 세워 러시아인들에게 일본어 교육을 시키고 있었다. 80년 전 표트르 대제의 칙령으로 일본어 학교가 만들어진 이래 그때까지 유지되어 오고 있던 시책이었다.

학교가 설립되고 난 뒤 적어도 네 그룹, 총 13명의 일본인이 교단에 섰다. 많을 때는 7명이 교편을 잡던 시절도 있었다. 그러나 강력한 쇄국정책을 추진하고 있는 일본과의 교역 전망은 그리 밝지 않았고, 표류민도 머리빗의 빗살이 하나씩 빠지듯 차례로 죽어 갔다. 그런 터라 이젠 일본어를 배운 상급생이 교사 역할을 대신하고 있었고, 학생도 몇 되지 않았다.

그런데 언제부턴가 일본어 학교가 갑자기 주목받기 시작했다. 일본과의 통상 조약을 정식으로 체결하기 위해 러시아 정부가 본격적으로 움직이기 시작한 것이었다. 1786년의 일이니까 당시는 고다유 일행이 외딴 섬에서 지내고 있을 무렵이었다. 그런 절묘한 시점에 뜻하지 않은 일본어 교사들이 단체로 찾아온 셈이었다.

이르쿠츠크에 와서 반년 쯤 지났을 때 새 총독이 부임해 왔다. 고다유는 지난 번 지사에게 건넸던 탄원서와 동일한 내용에 날짜만 바꿔서 다시 탄원서를 제출했다. 그로부터 몇 개월 지나 총독부에서 관리가 나오더니 통고서를 읽어 주었다. '귀국을 포기하고 이 나라에서 공무원이 되라'는 내용이었다. 공무원이란 일본어 교사를 말한다. 공무원이 되기 위해서는 국교인 러시아 정교회를 받아들이고 정식으로 세례를 받아야 한다. 고다유는 고민할 수밖에 없었다. 당장 자신과 자신의 일행이 처해 있는 녹록치 않은 상황에서 공무원 자리의 제안은 그리 나쁘지 않은 선택지일 수 있었다. 하지만 일단 세례를 받고 나면 비기도교 국가일 뿐만 아니라 기독교를 엄격히 금지하는 일본으로 돌아갈 수 없다. 고민 끝에 고다유는 '그 통지에 따를 수 없다'라고 단호히 말한 다음 다시 한 번 귀국의 의사를 강력히 밝혔다.

총독부에서 지급받은 돈은 모두 하숙비와 식비로 이미 써 버렸다. 그런 다음 추가 지급이 제대로 이루어지지 않고 있었다. 경제적 지원을 억제하면 고다유 일행이 제 발로 찾아와 귀화를 신청할 수밖에 없을 거라는 총독부의 속셈이 빤히 들여다보이는 꼼수였다. 고다유는 지참하고 있던 금화와 은화를 사용할까 잠시 고민했지만 사용하지 않기로 결정했다. 이곳까지 죽을 고생을 해 가며 가져온 금화와 은전에 쉽게 손을 댈 수는 없었다. 궁리 끝에 그는 일행과 논의한 뒤 건강한 사람은 목수나 대장장이의 허드렛일을 도와주고 그 대가로 돈을 받기로 했다.

1790년 1월, 캄차카 반도에서 만난 경비 사령관의 부관인 카피탄이 임기를 마치고 이르쿠츠크로 돌아왔다. 그는 꽤나 사교적인 인물로, 자신의 여러 지인들에게 고다유를 소개해 주었다. 그 덕분에 그는 박물학자 키릴 락스만과 운명적인 만남을 가질 수 있었다. 그는 핀란드에서 태어난 인물로 무려 17개 국어나 되는 다양한 언어를 자유자재로 구사했으며 러시아 수도의 고관들과도 친분을 맺고 있었다. 또한 그는 학문에 조예가 깊은 예카테리나 2세의 변함없는 신뢰를 받고 있었다. 고다유 일행의 처지를 딱하게 여긴 키릴은 여왕에게 보내는 귀국 탄원서의 초안을 작성해 주었다. 고다유는 그것을 그대로 베껴 써서 총독부에 제출했다.

얼마 후 총독부로부터 페테르부르크에서 통지문이 도착했다는 연락이 왔다. 통지문에는 '공무원이 된다면 우선 병사로 채용해, 머지않은 장래에 대위까지 승진시켜 줄 것이다. 만일 공무원이 될 생각이 없다면 상인이 되는 것은 어떤가. 자금은 물론이고 세금 면제와 거처할 주거도 모두 제공해 줄 것이다' 하는 파격적인 조건을 담고 있었다. '병사', '대위'라고는 했지만 반드시 군인이 되어야 한다는 말은 아니고 고다유가 원한다는 전제하에 병사 대우로부터 시작해서 대위 대우까지 해 줄 수 있다는 의미였다. 참고로 학자 키릴은 대령급 대우를 받았다.

공무원 신분인 일본어 교사가 되거나 상인이 되라는 러시아 당국의 요구에는 다음과 같은 속셈이 있었다. 6명 가운데 몇 명이 일본어 교사가 되면 잠정 폐지되다시피 한 일본어 학교를 다시금 정상적으로 운영할 수 있다. 그 방법이 아니면 고다유는 일본의 부유한 상인 이므로 러시아 측은 끝까지 그렇게 생각했다 상거래를 통해 다양한 지역에 풍부한 인맥을 형성하고 있을 테니, 러시아 쪽 상인 겸 일본과의 교역 담당자로 앉혀 순조롭게 일을 진행시킬 수 있을 것이다. 상인이 된다고 해도 어디까지나 러시아 측 상인이다. 따라서 당연히 그 모든 구상이 그와 그의 일행이 정식으로 세례를 받고 러시아에 귀화한다는 전제 하에서 가능한 이야기다.

러시아 측의 두 번째 답변에 대해서도 고다유는 정중히 거절했다. 키릴과 먼저 상의한 다음 이번에는 예카테리나 여제 앞으로 탄원서를 써서 총독부에 제출했다. 고다유가 낸 탄원서는 이것으로 네 번째였다. 한데, 그에 대한 답변인 양 매달 나오던 교부금마저 지급이 정지되고 말았다.

그 무렵에는 고다유 일행도 나름의 생활력을 갖추고 있었다. 허드렛일이지만 일자리가 있는 사람은 생활에 다소 여유가 생겼고, 고다유는 자연스럽게 러시아인 사회에 융화되어 갔다. 카피탄이 소개해 준 부유한 상인, 명사들과도 가까워져서 일본에 대해 그들이 궁금해 하는 이야기와 표류 과정을 자세히 들려주었다. 말하자면 미니 강연회 같은 것이 자주 살롱에서 열렸고, 고다유는 상류 사회의 매우 인기 있는 강사가 되었다. 키릴과는 더욱 가까워져서 그는 거의 매일 고다유를 자신의 집으로 불러 같이 식사했다. 2, 3일 얼굴을 보이지 않으면 사람을 보내 놀러오라고 청하기도 했다.

이 에피소드는 생략할까 했는데 역시 소개하지 않을 수 없다. 그 무렵 키릴의 딸들은 고다유에게 러시아어를 가르쳐 주었다. 어느 날, 10세 된 그의 어린 딸이 "이 말을 하면 좋은 일이 생겨요." 하면서 '페 피제데아'_{빨리 발음하면 '삐즈다', '삐즈제'라는 아주 험한 욕처럼 들릴 수도 있다. — 옮긴이}라는 말을 고다유에게 가르쳐 주었다. 고다유는 당장 키릴에게 그 말을 사용해 보았다. 당연하게도 키릴은 전혀 좋아하지 않았다. 그가 여러 번 그 단어를 말하자 "도대체 누가 자네에게 그런 말을 가르쳐 주었나?" 하고 정색을 하며 물었다. "따님이 가르쳐 주었어요." 하고 대답하자 순간 키릴의 얼굴이 붉으락푸르락해져 딸을 잡으러 나갔다. 그 사실을 눈치 챈 키릴의 딸은 토끼처럼 날쌔게 도망쳐 버렸다. 키릴의 딸이 고다유에게 가르쳐 준 말은 빨리 발음하면 복자(伏字, _{문장 가운데 명기가 곤란한 부분을 ○나 ×'의 기호로 나타내는 것 — 옮긴이})로 표기해야 할 만큼 상스러운 욕이었다. "지금 생각하면 정말 우스운 일이다."라고 고다유는 회상한다. 키릴은 전직 목사로 지나치다 싶을 만큼 성실하고 약간 고지식한 남자였음을 생각하면 당시의 광경이 눈앞에 그림처럼 펼쳐져 절로 웃음이 난다.

예카테리나 여제를 알현하기 위해 페테르부르크로

여황제에게 보낸 탄원서에 대한 회답은 아무리 기다려도 오지 않았다.

"이렇게 답이 늦어진다는 게 이상하네. 중간에 탄원서를 묵살해 버리는 관리가 있어서 여왕에게까지 전해지지 않고 있다고밖에는 생각할 수가 없어!"

키릴은 고다유에게 이렇게 말했다. 그러고는 자신이 조만간 업무차 페테르부르크에 가야 하니 함께 가서 직접 여황제를 만나 보면 어떻겠느냐고 제안했다. 당시 고다유 일행의 처지는 그야말로 말이 아니었다. 병으로 한 명이 더 죽고, 다른 한 명은 고난에 찬 여행을 한 탓에 한쪽 다리의 무릎 아래를 절단해야 했다. 그는 시설에서 보호받는 신세가 되어 세례를 받고 러시아에 귀화해 버렸다. 따라서 일본에 돌아갈 수 있는 가능성이 남아 있는 사람은 이제 도합 4명으로 줄어 있었다. 그 가운데 다른 한 명도 열병에 걸려 더 이상 지체할 수 없는 상황이 되고 말았다.

여왕을 직접 만나라는 키릴의 제안에 고다유는 잠시 망설였다. 일본에서 직소直訴는 죽음과 맞바꾼 탄원을 의미한다. 하물며 자신이 상대해야 할 사람은 무소불위의 권력을 가진 여황제이다. 한 나라의 제왕이 한낱 표류민에 불과한 자신의 말에 귀를 기울여 줄까―. 그러나 그로서는 일말의 가능성에 희망을 거는 수밖에 없다. 선장으로서 자신이 생사를 책임져야 할 선원을 더 이상 낯설고 위험천만한 이국 땅에 방치할 수는 없었다.

일본을 떠난 지 만 8년이 되던 1791년 1월. 마침내 결심을 굳힌 고다유는 키릴과 함께 페테르부르크를 향해 출발했다. 고다유의 여행 경비는 모두 키릴이 대 주었다. 8마리의 말이 끄는 말 썰매는 6천 km의 길을 밤낮없이 달려서 그들은 한 달 만에 러시아의 수도 페테르부르크에 도착했다.

고다유는 미처 모르고 있었는데, 그 사이에 열병으로 죽을 고생을 하던 다른 선원 하나도 어차피 죽을 거면 제대로 된 묘지에 묻히고 싶다며 러시아 정교회의 세례를 받았다. 아이러니하게도 그 후 그의 병은 완치되었다.

페테르부르크소연방 시대의 호칭은 레닌그라드는 유럽으로 열린 '러시아의 창'으로 불리며 러시아의 서구화 정책을 실현하는 도시로 크게 발전하고 있었다. 고다유는 세계 최대의 러시아 제국을 횡단해 마침내 서쪽 끝까지 오게 된 것이었다.

문서 프레젠테이션

"동정심만으로 배를 내줄 순 없어요!"

페테르부르크에 도착한 키릴과 고다유는 민첩하게 움직였다. 그로부터 사흘 후 그들은 여황제의 측근인 백작 베즈보로토코 비서관을 찾아갔다. 그런 다음 고다유가 옮겨 쓴 탄원서와 키릴이 상부에 보고하기 위해 준비해 온 상신서를 함께 제출했다.

탄원서의 내용은 다음과 같다.

저희는 본국인 일본으로 돌아가고 싶습니다. 그래서 일본과 교역하는 네덜란드나 조선에서 온 배 가운데 일을 마치고 돌아가는 배가 있으면 그 배편에 저희를 태워 보내 주셨으면 합니다. 가능하다면 일본에 가까운 조선의 배로 보내 주시기를 부탁드립니다.

탄원서와 상신서를 본 비서관으로부터 고다유는 자신의 귀를 의심할 만한 이야기를 듣게 된다.

"이곳 러시아에 표류되어 온 자를 외국인에게 부탁해 돌려보내는 것은 큰 수치이니, 비용이 얼마가 들든 이 나라의 배로 직접 일본에 보내 주겠소. 따라서 배를 만들어야 하니 기다려 주시오."

그리고 그날로부터 사흘 뒤 날짜로 키릴이 상무장관을 수신인으로 작성한 문서가 제출된다. 상무장관은 여황제의 또 다른 측근이다. 비서관이 "이 안건은 상무장관의 일이니 그쪽으로 제출하시오." 하고 말했다면 다음 날에는 문서를 제출할 수 있었을 텐데, 어째서 상무장관에게 서류를 제출하기까지 오랜 시간이 걸렸을까.

나는 이렇게 추측한다. 베즈보로토코 비서관을 방문한 날, 고다유가 돌아간 후에 키릴과 비서관은 깊이 논의했을 것이다.

키릴 씨! 탄원서는 그렇다 치고, 당신이 쓴 이 상신서의 내용으로는 고다유를 일본에 돌려보낼 수 없습니다. 당신이 고다유를 아껴 그에게 희망을 갖게 해 주고 싶은 마음은 십분 이해합니다. 그러나 관심과 동정심만으로 배를 내줄 수는 없어요. 키릴 씨, 상신서 외에 제3의 프레젠테이션 문서를 준비하세요. 러시아 정부가 고다유를 일본으로 돌려보내야겠다는 마음이 들 수밖에 없는, 그런 프레젠테이션 문서 말입니다. 즉, 고다유를 돌려보내는 것이 러시아 정부에게 어떤 이익이 되는지, 그걸 쓰는 겁니다. 약속될 수 있는 이익은 통상에 관한 것이니 창구인 상무장관에게 제출하세요.

대략 이렇게 이야기하지 않았을까.

그 후 사흘 동안 고다유는 꿈을 꾸는 기분으로 지냈겠지만 키릴은 문서 작성에 심혈을 기울였다. 그 사이에 그는 몇 번씩이나 베즈보로토코 비서관을 찾아가 의논했을 것이다.

그렇게 해서 당초 2통 여황제에게 쓴 탄원서와 당초 키릴이 작성한 상신서에 새로 완성된 제3의 프레젠테이션 문서가 상무장관에게 제출되었다.

상무장관에게 제출된 탄원서와 상신서

상무장관에게 제출된 세 편의 문서 가운데 먼저 탄원서와 상신서의 내용을 살펴보자.

1. 여황제 예카테리나 앞으로 쓴 탄원서

고다유가 옮겨 쓴 문서는 남아 있지 않지만 베즈보로토코 비서관이 러시아 배로 귀국을 약속했기 때문에 다른 나라의 배로 귀국하고 싶다는 문장은 아마도 지워 버렸을 것이다. 그것은 지금까지 자신들이 겪은 고난과 고향을 그리워하는 마음을 호소하는, 이런 내용이 아니었을까.

에도로 향하던 배가 풍랑을 만나 표류한 끝에 알류산 열도에 표착했습니다. 지금까지 여러 번 귀국하고 싶다는 탄원을 계속했는데, 폐하께 제대로 전달되지 않은 것 같습니다. 일본을 떠났을 때 저희 일행은 17명이었으나 가혹한 추위로 차례로 목숨을 잃어 지금은 4명밖에 남지 않았습니다. 부모 형제가 있는 일본으로 돌아가고 싶어, 자애로운 폐하께 간곡히 부탁드립니다—.

II. 상무장관 앞으로 쓴 상신서 1791년 2월 26일자

키릴이 베즈보로토코 비서관에게 보여 준 것과 같은 내용을, 날짜만 바꾼 것으로 짐작되는 문서가 남아 있다.「일본 표류민 송환 러시아 문서」「다이코쿠야 고다유 사료집 3권」에 수록

각 조항은 다음과 같다.

① 고다유 일행이 표류된 날로부터 오늘까지의 상세한 경위.
② 그는 일본 상인 중에서도 거물급 인사로, 일본 사정에 대한 지식을 얻을 수 있어서 가깝게 지내 왔다.
③ 고다유 일행이 러시아에 온 이 기회를 활용해 일본과 우호관계

를 맺어 유리한 교역을 할 수 있지 않을까—. 그 점을 생각해서 고다유와 페테르부르크까지 동행했다.

④ 고다유 일행을 러시아 운송선이나 상선에 태워 일본에 보내는 것이 일본과의 친선과 통상을 확립히기 위해 결코 헛된 일이 아니라는 희망을 품고 있다.

⑤ 먼저 여제 폐하께서 일본에 국서를 보내시고, 네덜란드인이 교역하는 종류의 물품을 선물로 보내는 것이 좋다고 생각한다. 교역이 시작되면 일본의 차, 쌀, 견직물, 금 등을 얻을 수 있다.

이 문서를 보고 키릴이 러시아를 위해 고다유를 이용한다고 비난하는 것은 온당치 않다. 그는 진심으로 고다유를 일본으로 보내 주고 싶어 했다. 그 마음을 실현하기 위해 키릴은 일본과의 통상과 관련시키는 아이디어를 생각해 낸 것이다.

그런데 만일 당신이 러시아 정부의 고관이라면 이 글을 읽고 선뜻 배를 내줄 마음이 들까?

"일본과의 친선과 통상을 확립하기 위해 헛된 일은 아닐 것이다." 라는 문장은 성실하기는 하지만 지나치게 정직하다. 러시아 정부가 자금을 들여 단행하기 위해서는 "헛된 일은 아닐 것이다." 정도의 예측으로는 턱없이 부족하다. "우호관계를 맺어 교역을 시작할 수 있지 않을까?" 하는 부분도 상대로 하여금 일이 말처럼 그리 순조롭게 진행될까, 하는 의문을 갖게 하기 쉽다. 또 "여황제의 국서를 보낸다."

고 하는데, 강력한 쇄국정책을 펴는 나라에 가서 갑자기 대문을 두드려 봤자 문은 열리지 않을 게 뻔하다. 무엇보다 '네덜란드가 교역하는 종류의 물품'을 갖고 간다면 일본에게 러시아와 교역을 시작하는 이점이 대체 뭐가 있을까. 키릴의 상신서는 러시아 정부가 행동을 취하도록 동기를 부여하기에는 아직 너무 약했다.

제3의 프레젠테이션 문서

상신서의 내용이 부족하다고 판단한 베즈보로토코 비서관은 문서 구성을 바꾸도록 조언했을 것이다. "이 문서는 고다유 이야기부터 시작해서 수입품으로 끝나는데, 이 구성을 반대로 해 봅시다. 러시아 정부가 관심을 갖고 들을 만한 이야기부터 시작하는 겁니다."
그 '프레젠테이션 문서'가 어떤 것인지 살펴보자.

III. 상무장관 앞으로 보낸 프레젠테이션 문서_{날짜는 상신서와 동일}
「일본 표류민 송환 러시아 문서」『다이코쿠야 고다유 사료집 3권』에 수록

그 내용을 항목별로 정리해 보자.

① 교역에서 기대할 수 있는 수출·수입품 목록

일본에서 수입할 품목으로는 면직물, 견, 차, 도자기, 칠기漆器, 쌀, 콩, 그리고 여러 나라가 노리고 있는 '무게로 거래되는 금괴' 등이다.

② 교역 방법

러시아에 남아도는 국내산품을 유럽의 공업제품과 교환해 그 공업제품을 일본제품과 교환한다.

③ 일본의 교역 환경

일본은 여전히 쇄국정책을 유지하고 있다. 그러나 네덜란드인이 2백 년에 걸쳐 부드러운 태도로 대해 왔기 때문에 외국에 대한 경계심은 상당히 누그러져 있다. 일본인에게 아직 경계심이 남아 있다는 소문은 일본에서의 이익을 독점하려는 네덜란드가 의도적으로 퍼뜨린 것이다. 고다유에 따르면, 외국 제품의 수요도 증대되고 있고 상업도 활황세가 지속되고 있다.

내가 고다유를 데리고 페테르부르크에 온 것을 안 러시아 주재 외국 상인들은 직접 혹은 영사관을 통해 일행을 일본으로 돌려보내주고 싶다는 요청을 적극적으로 해 왔다. 게다가 고다유가 페테르부르크까지 오는 데 든 경비도 대신 지불하겠다고 한다. 각국의 이런 태도에서 일본과 새로 통상을 시작할 강력한 수단으로 고다유를 이용하려는 것이 확실하다. 즉, 여러 나라들이 노리는 만큼 일본이 문호를 개방할 가능성은 매우 높다.

④ 러시아의 이점 여러 외국과 비교해서

일본과 교역하고 싶어 하는 경쟁국은 많지만 러시아 상인만큼 유리한 경우는 없다. 일본과 러시아는 인접해 있어서 정보도 많이 접하고 수송에도 비용이 들지 않는다는 이점이 있다.

⑤ 고다유를 귀국시키는 이점

러시아의 상인들은 이전부터 일본과 교역하기를 원했다. 이번 고다유 일행을 귀국시킴으로써 우호와 교역의 실마리를 잡을 첫 기회가 찾아왔다.

일본에 돌아간 고다유 일행이 러시아인들의 친절과 환대를 칭찬한다면 그 평판이 일본 상인들 귀에 들어가 러시아와 가깝게 지내고 싶다는 기분이 들 것이다.

외딴섬에서의 생활에서 러시아인의 난폭한 행동을 본 그들은 러시아인에게 나쁜 인상을 가졌다. 그러나 4년간 우리와 가깝게 지내면서 나쁜 인상을 씻어 버릴 수 있었다.

그들을 돌려보낼 때 유의할 점은 한 가지다. 분별력 있고, 친절하며, 동정심 많은 인물에게 그들의 본국 송환을 맡겨야 한다. 그렇게 함으로써 고다유 일행은 러시아가 보여 준 친절을 기억하고 러시아를 자랑해 줄 것이다. 또한 고다유 일행 가운데 두 사람은 이미 세례를 받고 교사로 일하고 있다. 일본어 교사는 이미 부족하지 않다.

⑥ 일본에 주는 이미지는 우호제일

사절단에게는 이르쿠츠크 총독이 일본 정부 앞으로 쓴 편지를 갖고 가게 할 것. 편지는 표류민에게 러시아 정부가 극진한 보호를 해주었고 앞으로도 교역과 어업을 위해 찾아올 일본인을 우호적으로 대하고 보호할 것을 보증한다는 내용으로 할 것.

⑦ 사절단의 인원과 비용 견적

이상이 내가 '프레젠테이션 문서'라고 부르는 자료에 담긴 내용이다. 이 문서의 장점을 한마디로 말하면, 러시아 정부에게 가장 유익한 '고다유 활용법'이 제안되어 있다는 점이다.

상대러시아 정부가 흥미를 가질 만한 이야기를 전개하면서 고다유에 대해서는 후반까지 언급하지 않는다. 그리고 그를 언급하는 방식도 러시아 정부에게 가장 이득이 되는 것은 고다유를 붙들어 두는 것이 아니라 일본으로 돌려보내는 것이라는 제안 방식이다.

고다유를 일본으로 돌려보내고 싶은 키릴의 마음은 프레젠테이션 문서에서 지워져 있다. 이 점은 평범하지만 매우 중요한 포인트이다. 프레젠테이션은 어디까지나 자신의 이익이 아닌 상대의 이익에 초점을 맞추어 제안하는 것이 대원칙이다. 상대를 움직이는 힘은 거기에서 생겨나기 때문이다.

프레젠테이션 문서 세부 분석

프레젠테이션 문서의 각 항목과 구성을 점검해 보자.

① 모두에는 일본과 교역할 경우 얻을 수 있는 품목들이 나열되어 있다. 즉 큰길에 쇼윈도를 설치해 놓고 통행인의 걸음을 멈추게 하는 방식이다. 상대가 틀림없이 흥미를 가질 만한 것을 먼저 보여 준다.

② 걸음을 멈춘 손님에게 "이것들은 당신이 쓰지 않는 물건들로 손에 넣을 수 있습니다." 하고 속삭인다. 군침 도는 이야기에 손님은 자세한 설명을 듣고 싶어 가게 안으로 들어온다.

③ 일본은 아직 쇄국정책을 펴고 있어서 교역은 무리라고 생각할 텐데, 사실은 이미 때는 충분히 무르익었다. 그 증거로 다른 나라들도 호시탐탐 노리고 있다.

이런 말을 들으면 인간은 약해진다. 비즈니스든 연애든 경쟁자의 출현으로 국면은 새롭게 움직이기 시작한다.

④ 경쟁국도 노리고 있지만 가장 유리한 것은 러시아이다. 왜냐하면 일본은 러시아의 이웃 나라니까…….

여기까지의 전개, 나도 모르게 입에서 "으음, 대단해!" 하고 낮은 신음소리가 나온다. 문서인데도 읽는 사람과의 커뮤니케이션이 마치 실제 대화를 엿보고 있는 것만 같다. 도입에서 기분을 사로잡은 후에 상대의 심리에 맞춰 이야기를 전개시킨다. 상대가 흥미를 보이면 조금 더 깊이 들어가 군침 도는 이야기임을 강조한다. 의문을 제시할 듯하면 먼저 대답한다.

그리고 상대가 본격적으로 관심을 보이기 시작하는 시점에 "러시아는 다른 여러 나라보다 확신히 유리한 입장이다."라고 이야기하며 고다유를 등장시킨다.

⑤ 이 항목에서 주목할 점은 러시아에 있어 단점을 장점으로 전환하는 것인데, 고다유는 수차례의 권유에도 불구하고 세례 받기를 거절했다. 세례를 받지 않았기 때문에 일본에 돌아갈 수 있는 귀중한 인재라는 발상이다. 일본에 돌아간 후 러시아에서 받은 친절을 일본인들에게 말해 주면 교역에 대한 긍정적인 여론이 형성될 것이다. 즉, 러시아를 홍보하는 미디어로 고다유를 활용하자는 제안이다.

⑥ 상신서에는 "여황제가 보내는 국서를 갖게 가게 한다."라고 되어 있는 부분을 이르쿠츠크 총독의 편지로 변경했다. 총독의 편지라면 비공식 사절이라는 위치를 분명히 할 수 있기 때문이었다. 여황제의 국서를 갖고 공식적으로 방문할 경우, 일본이 쇄국을 방패로 거절하면 고다유의 귀환도 이루어지지 않을 위험성이 있다. 아마도 그런 위험을 피하기 위한 방책이었던 것으로 판단된다. 동시에 사절의 목표와 달성해야 할 목표가 명쾌하다.

첫째, 우호와 교역의 실마리를 잡는 것. 그 실마리의 구체적인 목표는 '일본 상인들이 러시아와 가깝게 지내고 싶다는 기분이 들게 만드는 것'이다. 교역에 관해서는 선물을 건네어 일본인의 반응을 보자는 입장이다.

⑦ 마지막으로 견적서. "이 사절을 보내기 위한 견적을 준비했습니다." 하고 프레젠테이션을 끝맺는데, 광고회사에서 영업 일을 하는 직원도 무색하게 할 정도의 완벽함이다. 인건비를 포함한 경비와 그 내역이 명기되어 있다.

상대를 움직이는 힘

이상의 세 가지 문서, 탄원서와 상신서, 프레젠테이션 문서를 각각 비교해 보면 상대를 움직이는 힘에 차이가 있음을 알 수 있다.
세 문서의 차이를 정리해 보자.

① 고다유의 탄원서 → 자신이 하고 싶은 점을 호소한다.
② 키릴의 상신서 → 자신의 한 일을 상대러시아의 이익과 관련시켜 호소한다.
③ 키릴의 프레젠테이션 문서 → 상대의 이익이 되는 점을 제안해 자신이 하고 싶은 것을 실현한다.

자신이 바라는 것, 하고 싶은 것에서부터 발전시켜 상대를 움직이는 프레젠테이션 문서로 완성하기 위한 실례가 바로 여기에 있다. 이익이 된다면 부탁하지 않아도 상대는 움직이게 되어 있다.

이렇게 잘난 듯 말하지만 나의 신출내기 시절의 프레젠테이션이 떠올라 부끄러워진다.

'이 주스를 마셨을 때의 청량감을 표현하고 싶다.', '이 자동차로 생겨난 가족 간의 사랑을 그려 내고 싶다.'

창조적인 일을 하는 듯한 표현에 스스로 취해 있었을지도 모른다. 이것을 "~하고 싶습니다. 부디 승낙해 주십시오. 최선을 다해……." 하고 말하면 '탄원'이 된다.

어느 날, 프레젠테이션이 끝난 후 고객인 기업의 홍보부장이 나를 불러 세우더니 "당신이 만들고 싶은 세계는 잘 알겠습니다. 나도 공감해요. 하지만 우리에게 어떤 이점이 있는지 자세히 말해 주지 않으면 채용한 이유를 임원에게 설명할 수가 없어요." 하고 말했다. 그가 결점을 솔직히 지적해 준 덕분에 프레젠테이션에 대해서 다시 생각할 수 있었다. 프레젠테이션에서 주장하지 않으면 안 될 것은 '자신이 하고 싶은 것'이 아니라 '상대의 이익'이다. 자신의 제안을 채용하면 고객인 기업에게 어떤 이익이 약속될까. 그것을 명확히 하는 것이 프레젠테이션이다.

지금까지 나는 키릴의 프레젠테이션 문서에는 베즈보로토코 비서관의 조언이 들어 있다고 단정적으로 말했다. 그것을 뒷받침할 자료는 없지만 프레젠테이션 문서 사이사이에 구사된 실전적 테크닉은 학자가 구사할 수 있는 것이 아니다. 일상적인 업무로서 각 방면에서 제안을 받고 여황제의 재가를 청하는 비서관의 '받아들이게 하기 위한 지혜'가 틀림없이 들어 있다.

참고로, 베즈보로토코 비서관은 터키와의 강화회의에 참석하게 된다. 터키와의 전쟁을 승리로 이끈 영웅 그레고리 포템킨이 병으로 쓰러져서 전후 처리를 위해 파견되었다. 영토의 선 긋기 등 외교 수완을 믿고 여제가 발탁한 협상의 프로였다.

문서가 제출되고 3개월 후, 마침내 여황제 예카테리나 2세를 알현할 수 있는 기회가 찾아왔다. 고다유의 이야기에서 가장 극적인 것은 여황제와 고다유가 만나는 장면이다. 하지만 알현 자리에서는 이미 고다유의 귀국이 내정되어 있었다. 일본으로의 귀환이라는 문을 연 열쇠는 베즈보로토코 비서관의 조언이 크게 반영되었을 키릴의 프레젠테이션 문서였다.

여황제 예카테리나 2세를 **알현**하다

"꼭 돌아가고 싶은가?"

1791년 6월 28일5월 28일이라는 설도 있다, 키릴이 맞춰 준 프랑스제 예복을 입은 고다유는 동행한 두 사람과 함께 궁전지금의 예카테리나 궁전으로 향했다. 베즈보로토코 비서관과 상무장관이 그를 맞아 주었다. 그날은 황실의 축일로 연회장에는 고관과 궁녀들로 가득했고, 현기증이 날 정도로 호화로운 분위기였다. 상무장관이 고다유의 손을 잡아 여황제 앞으로 안내했다.

하얀 옷을 입고 바닥보다 한 단 높은 의자에 앉아 있는 여제는 온

화해 보였다. 예카테리나 2세는 당시 62세였다. 고다유는 예행 연습한 대로 외국인이 왕에게 예를 갖춰 하는 인사를 정중하게 올렸다. 여황제의 무릎까지 다가가 자신의 한쪽 무릎을 세우고 양 손바닥을 위로 해 앞으로 내민다. 여황제가 그의 손바닥에 손을 올려놓자 3번 입맞춤하고 뒤로 물러섰다.

여제는 고다유가 공식적으로 제출한 탄원서를 갖고 오게 한 뒤 직접 읽었다.

"이 소장의 초안은 누가 쓴 것인가, 분명 키릴이겠지?"

"네. 그렇다고 할 수 있습니다. 좀 더 정확히 말씀드리면 고다유가 말하는 것을 한마디도 더하거나 빼지 않고 그대로 받아 썼고, 그것을 다시 고다유가 옮겨 적었습니다."

고다유 옆에 있던 키릴이 대답했다.

"볫냐쉬까! Бедняшка, 가엾게도!"

여제는 자애로운 눈빛으로 고다유를 바라보았다. 이어서 고관 한 명이 고다유에게 몇가지 궁금한 것들을 질문했다. 표류를 하면서 고생했던 일들과 이국땅에서 목숨을 잃은 동료에 대해 고다유는 상세히 이야기했다.

"오 좔까! Ох Жалко, 저런, 딱하기도 하지!"

여제는 이렇게 중얼거리면서 슬픈 표정을 지었다.

예정된 시간이 지나도 여제는 자리에서 일어날 생각을 하지 않았다. 그리고 마지막에 고다유에게 물었다.

"꼭 돌아가고 싶은가?"

"네! 부디 제 청을 들어 주십시오."

몸을 바르게 하고 간곡히 부탁하는 고다유에게 여제는 이렇게 약속했다.

"그대의 희망대로 그대의 나라로 돌아갈 수 있도록 기꺼이 도와주겠다."

이것으로 알현은 끝이 났다.

불가능한 귀국을 가능하게 만든
타고난 자질

넘치는 호기심의 소유자, 그리고 대단한 메모광

　프레젠테이션 문서 ⑤의 '러시아를 홍보하는 미디어로 고다유를 활용하자는 제안'은 고다유의 저널리스트적인 자질을 간파했기에 가능했다.

　캄차카 반도에서 고다유를 만난 프랑스인 탐험가는 "그는 호기심이 왕성해서 보고 들은 것을 끊임없이 자신의 노트에 기록했다."고 이야기한다. 귀국할 가망이 거의 없었을 때부터 고다유는 이미 메모광이었다. 그것은 러시아 사회에 적응하기 위한 수단만은 아니었을 것이다. 자신이 목격한 비일상적인 일들을 노트에 기록하고 자신의 뇌리에 새기지 않으면 직성이 풀리지 않는 고다유는 타고난 기록자였던 것이다.

고다유가 예카테리나 여제를 알현했을 때 여제의 의상에 대해 그는 『북사문략』에서 이렇게 적고 있다. 그것을 현대어로 옮겨 보자.

상의는 하얀 목면 천에 꽃무늬를 짜 넣은 것으로, 그 천은 일본의 생견보다 얇고 매우 고급스러웠다. 길이는 한 길하고도 반이라고 하니까 대략 신장의 1.5배. 상의에는 훈장을 달고 있다. 훈장은 금으로 만들어진 십자가와 쌍두 독수리로, 칠보로 상감을 하고 다이아몬드로 장식했다. 그 훈장들을 굵은 무명실로 납작하게 엮은 끈 같이 생긴 하늘색의 렌타라는 것에 달아서 오른쪽 어깨에서 왼쪽 옆구리에 비스듬하게 걸쳤다. 붉은색의 렌타를 사용할 때도 있다고 한다. 왼쪽 가슴에는 사각형과 팔각형 모양의 장식이 달려 있는데 전부 금으로 만들어졌고 다이아몬드로 장식되어 있다. 안쪽의 동그란 부분에 글자가 새겨져 있다. 그 주위는 별의 빛줄기처럼 다이아몬드가 장식되어 있다…….

묘사는 계속 이어진다. 고다유로부터 전해들은 이야기를 바탕으로 책을 쓴 쓰라가와 호슈는 네덜란드에서 의학을 공부한 의사였다. 그가 자신이 갖고 있는 유럽 문물에 대한 지식으로 이야기를 일부 보충

했다고는 해도 대부분 고다유의 이야기를 옮긴 것이므로 그가 비상한 재능을 가진 사람이라는 것을 짐작할 수 있다. 여제의 알현이라는 매우 특별하고 극도로 긴장되는 자리에서 고다유가 이렇게 예리한 관찰력을 발휘해 기억한다는 것이 놀랍기만 하다.

여제의 의상에 대한 묘사는 한 가지 예에 불과하다. 러시아의 풍토, 풍습, 의식, 제도, 행사, 음식, 혼인, 악기, 그 지방에서 산출되는 물건, 동식물 등 생각할 수 있는 질문에 대해서는 거의 전부라 해도 좋을 만큼 수준 높은 정보를 제공하고 있다. 고다유는 마치 '걸어 다니는 러시아 백과사전'과도 같은 사람이었다.

계몽 군주 예카테리나 2세의 인도주의적인 통치에 러시아 정부는 절대적인 자신감을 갖고 있었다. 그녀는 파탄 직전의 국가 재정을 다시 일으켜 세우고 군비를 강화했다. 새로운 교육기관으로 귀족을 위한 여학교만이 아니라 평민을 위한 여학교도 세웠다. 자신의 생활비를 깎아 국고의 적자를 줄이는 등 매사에 솔선수범하는 자세로 일관했다.

러시아에 저널리즘 시대를 부른 것도 그녀였다. 주간 풍자 잡지를 발행해 펜네임으로 비합리적인 인습을 비판하는 에세이를 직접 써서 기고하기도 했다. 그에 호응해 몇 가지 풍자 잡지가 간행되었다. 더 나아가 그녀는 계몽적이고 유머러스한 연극 대본까지 쓴 적이 있다고 한다. 또한 천연두 예방에도 적극적이었다. 게다가 아직 위험이 따르는 '종두'를 시술받아 러시아 최초의 접종자가 되기도 했다. 기근을 막기 위해 감자를 보급시킨 것도 그녀였다. 3백 년에 이르는 로마노프 왕조에는 4명의 여황제가 등장하는데, 그 가운데 '대제'로 불렸던 것은 오직 예카테리나 2세뿐이다.

내가 통치하는 이 나라를 일본인들에게 알려주기 바란다. 그렇게 하면 하면 반드시 우리나라와 우호조약을 맺고 싶을 것이다―. 홍보역을 담당한 고다유의 기록자로서의 자질은 그런 그녀의 자신감으로 인해 더욱 빛나게 된다.

"고다유를 좀 빌려 줘요!"

예카테리나 여제를 알현한 뒤 고다유는 다시금 여제의 부름을 받고 궁에 들어가 대화를 나누게 된다. 그는 여제와 편안하게 대화를 나눈 뒤 고다유를 무척이나 만나 보고 싶어 하던 여제의 손자들과 즐거운 시간을 보내기도 했다. 여제의 어린 손자 중 하나가 두 사람이 즐겁게 담소하고 있는 곳을 찾아와 이렇게 말했다고 한다.

"고다유를 좀 빌려 줘요!"

황태자의 초대를 받았을 때는 뜻밖의 사건이 있었다. 황태자를 만나고 돌아가려는데 아무리 기다려도 마차가 오지 않자 황태자는 자신의 마차를 사용하라고 권했다. 처음에는 황송해하며 절대로 그럴 수 없다고 거절했지만 계속 거절하는 것도 결례라고 생각해 호의를 받아들였다. 고다유가 묵고 있던 곳은 궁전의 정원을 관리하는 정원장의 집으로, 키릴도 같이 지내고 있었다. 황태자의 마차가 예고도 없이 집 앞에 도착하자 그곳에 있던 사람들이 모두 허둥지둥 복장을 갖추고 맞이했는데, 마차에서 내린 것은 놀랍게도 황태자가 아닌 고다유였다. 키릴은 그에게 두 번 다시 이런 일이 있어서는 안 된다고 따끔하게 질책했다.

"아무튼 식겁했어!"

정원장을 비롯해 모두가 이렇게 이야기하며 크게 웃었다.「북사이문」 막부 조사 기록 가운데

황태자는 여제의 신뢰를 받지 못하고 있었다. 당시 여제는 황위를 자신의 아들 대신 손자에게 넘길 생각을 하고 있었다고 한다. 고다유는 그런 서먹한 관계인 두 사람 모두의 관심을 받았다.

이런 일도 있었다. 베즈보로토코 비서관 일행과 같이 정부 고관의 별장에 초대를 받았다가 돌아가는 길에 수도 제일의 한 유곽으로 안내되었다. 당혹스러웠지만 고다유는 그곳의 한 여자와 하룻밤을 보냈다. 그녀와 동침한 다음 날 헤어질 때 여자는 실크로 된 머플러와 그림과 은화를 고다유에게 선물로 주었다. 훗날 고마웠다는 말을 하기 위해 그곳에 다시 들렀는데, 후한 손님 대접에 지난 번보다 더 많은 선물을 받았다. 키릴에게 그 이야기를 하자 "고다유는 정말 행운아군, 앞으로는 매춘부한테 이것저것 받는 일을 생업으로 하지 그래." 하고 어이없어하며 웃었다고 한다.

그 유곽 주인과의 에피소드도 있다. 주인이 물었다.

"당신 나라에도 이런 곳이 있소?"

"있습니다."

고다유가 이렇게 대답하자 그는 되물었다.

"더 이상 젊지 않은 여자는 어떻게 되죠?"

"서로 그리워하고 좋아하는 손님이 있으면 시집을 가죠. 운이 따르지 않는 여자들은 고향으로 돌아가 가난한 남자의 아내가 되기도 하고요. 외모와는 상관없이 귀한 신분의 사람과 부부가 되는 여자도 있습니다. 모든 게 하늘의 뜻이죠."

"그 나라도 똑같군. 그러니 내가 하는 일이 결코 나쁜 일은 아니야!"

그 이야기를 들은 주인은 이렇게 이야기하며 밝은 표정을 지었다고 한다. 에도 후기 의사인 가토 에비안의 일기식 수필 「와가 고로모」에서 고다유로부터 청취한 내용 가운데

여제, 황태자, 어린 왕자, 귀족, 창부, 유곽의 주인까지 만나는 사람들은 누구나 고다유에게 마음을 열었다. 커뮤니케이션의 기본 가운데 '자신이 먼저 마음을 열면 상대도 마음을 연다'라는 것이 있다. 고다유는 바로 그런 열린 마음을 갖고 있었다. 하지만 그에게 밀려드는 호의는 '커뮤니케이션 능력'이라는 말로만 표현하기에는 다소 부족하다. 같이 있으면 가슴속을 시원한 바람이 지나가는 것 같은, 그런 인간적인 매력이 그에게 있기 때문이리라.

고다유와 나머지 3명의 귀국이 결정된 것을 러시아에 남게 될 두 사람에게 말해야 할 때가 왔다. 헤어질 때 고다유는 그들에게 러시아식으로 입맞춤을 했다. 우리 상식으로는 소름이 끼칠 남자끼리의 입맞춤. 그동안 러시아 풍습이 몸에 익어 자연스럽게 나온 행위일 것으로 추측하는 사람이 많은데, 『북사문략』에서 이 장면을 읽었을 때 나 역시 그렇게 받아들였다. 하지만 그것은 무의식에서 나온 행위가 아님을 확신하게 되었다. 고국으로 데리고 가야 했던 상대는 이미 세례를 받고 러시아에 귀환했다. '자네는 이미 러시아인이다.' 그렇게 자각시키는 것이 선장으로서 한때의 부하 선원에게 할 수 있는 마지막 행동이었을 것이다. 남자끼리의 입맞춤은 바로 러시아인으로서 그 땅에 남아 살기를 원한 상대를 배려해서 한 행위였던 것이다. 자신의 행위가 상대에게 전해질 메시지를 고다유는 명확히 인식하고 있다. 이것만으로도 고다유가 뛰어난 리더이자 보디랭귀지까지 포함해 진정한 커뮤니케이션의 달인이었음을 알 수 있다.

귀국, 그리고 그 후의 고다유

마침내 고국으로 — 융통성 없는 조국

1792년 9월 3일, 고다유와 나머지 세 명의 일본인을 태운 러시아 사절단의 배가 네무로 홋카이도의 가장 동쪽 끝에 있는 지역 — 옮긴이에 도착했다. 사절단 단장은 키릴의 차남으로, 육군 중위인 아담 락스만. 당시의 일본은 마쓰다히라 사다노에도 막부에서 정무를 담당하던 최고 책임자로, 대외무역을 통제하고 상인 계급의 성장을 엄격히 제한했다. 시대였다.

사절단은 에도로 배를 돌리기를 희망했으나 거절당하는 바람에 네무로에서 겨울을 나게 되었다. 긴 겨울이 끝나고 10년 만에 맞은 일본의 봄. 한데 안타깝게도 그토록 바라던 귀환을 이룬 동료 가운데 한 명이 괴혈병으로 죽고 만다. 그 죽음에 대해 거의 언급하지 않고 있다는 점이 역설적으로 고다유의 원통한 마음을 가감없이 드러내 보여 준다. 러시아인 중에서도 희생자가 나왔다.

사절단장인 락스만의 편지가 에도에 전달되었지만 일본어 번역이 너무 조잡하고 엉터리여서 도무지 이해하기 어려웠다고 한다. 왜 고다유에게 번역 감수를 부탁하지 않았는지 의아해지는 대목인데, 아마 러시아 통역관에게도 나름의 자존심이 있었기 때문이 아니었을까 짐작된다.

막부는 이 편지를 러시아 황실에서 보낸 친서로 오해했다. 이렇게 되면 협상은 더욱 기대하기 어렵다. 키릴은 프레젠테이션 문서에서 네덜란드어와 영어 번역문을 첨부하라고 했는데, 어디서 어떻게 잘못된 걸까.

막부는 고민 끝에 사절단에게 건넬 내용을 결정했다.

국교가 없는 나라의 배가 일본에 온 경우는 체포하거나 쫓아내는 것이 국법이다. 표류자를 돌려보내기 위해 왔다고는 하나 나가사키 이외에는 상륙을 허가할 수 없다. 표류자를 데리고 온 노고를 생각하고, 또 쇄국에 대해 몰랐기 때문에 이번에는 그대로 보내 준다. 하지만 두 번 다시 우리나라에 오지 마라.

이런 식으로 야단을 친 후 '그건 그거고 이건 이거다' 하는 식으로 아무 일도 없었다는 듯 선물교환을 한다. 또 표류자 송환에 대한 감사의 뜻으로 러시아 배 한 척에 한해 나가사키 입항을 허락하는 신패信牌, 허가증를 내주었다.

그런데 이르쿠츠크 총독의 편지에 대해 해석하는 방식이 매우 '일본적'으로 흥미롭다. 러시아 측이 편지를 펴 보이면 통역관이 번역을 한다. 하지만 막부 측은 보기만 할 뿐 손에 받아들이지는 않는다. 러시아 측은 편지를 그대로 접어서 갖고 돌아간다. 이로써 막부 입장에서는 편지를 끝내 받지 않은 것이 되고, 사절은 보여 주었다는 실적이 남는다. 이런 식이었으니 나가사키에 내항하기 위한 허가증을 받았다고 해서 일이 순조롭게 진행되지는 않을 거라는 점을 락스만도 알고 있었을 것이다.

사절단이 나가사키 입항 허가증을 갖고 돌아왔다는 사실을 두고 러시아 상인들은 곧 일본과의 교역이 시작될 거라며 흥분했다. 그러나 예카테리나 2세는 냉정했다. 고다유는 어떻게 하고 있느냐고 묻는 편지에 이렇게 답장했다.

> 그 건은 이미 끝났어요. 자기 나라로 돌려보냈어요. 락스만 키릴의 아들이 보내 주었고, 데데한 물건을 선물로 받아 왔습니다. 「일본 표류민 송환 러시아 문서」, 「다이코쿠야 고다유 사료집 3권」에 수록

일본과의 교역에 가망이 없음을 안 여제는 이후 두 번 다시 사절단을 보내지 않았고, 67세의 나이로 타계했다. 고다유가 그녀를 알현하고 난 지 5년 후의 일이었다.

고다유를 자신의 마차에 태워 보내 주었던 황태자가 왕위를 계승했는데, 그의 실정으로 인해 5년 만에 궁정 쿠데타가 일어났다. 퇴위 서명을 거절한 그는 자신의 근위병에 의해 살해되었다. 다음으로 황제 자리에 오른 알렉산드르 1세는 국민에게 인기가 많았다. 러시아를 공격한 나폴레옹을 격퇴하고, 빈 회의를 소재로 한 영화 〈회의는 춤춘다 Der Kongress tanzt〉 주인공의 모델이 된 이 황제가 바로 "고다유를 좀 빌려 줘요." 하고 여제에게 부탁하러 왔던 여제의 그 손자였다.

알렉산드르 1세 시대가 되고 드디어 11년 만에 러시아 사절단이 나가사키에 입항했다. 사절단이 황제의 친서를 갖고 갔으나 막부는 친서를 그대로 돌려보냈다.

한편 조국으로 귀환했지만 네무로에서 한 명이 죽고, 꽃피는 에도까지 갈 수 있었던 것은 고다유와 이소키치 두 사람뿐이었다. 각각 42세와 28세가 된 고다유와 이소키치는 러시아 의상을 입고 두근거리는 마음을 진정시키려 애쓰며 11대 쇼군인 도쿠가와 이에나리 앞으로 나아갔다. 쇼군에게 두 사람을 보임으로써 쇼군을 배알할 자격이 있는 자, 즉 하타모토 쇼군 직속으로 만 석 이하의 녹봉을 받던 무사의 자격을 부여해 주었다. 마쓰다히라 사다노부가 보여 준 두 사람의 노고에 대한 치하였다.

쇼군이 참석해 지켜보는 자리에서 마쓰다히라 사다노부 이하 네 명이 두 사람을 심문했다. 쇼군은 발 너머에 앉아 있었기 때문에 고다유는 쇼군의 얼굴을 직접 볼 수 없었다. 질문에는 주로 고다유가 답하고 "그쪽은 어떤가?" 하고 물으면 이소키치도 매우 조심스럽게 대답하는 식이었다. 러시아가 보낸 첩자가 아니냐는 소문이 있었기 때문에 섣불리 말할 수는 없었을 것이다.

그들이 던지는 질문 가운데는 말도 안 되는 것들도 많았다. 가령 낙타는 보았나, 담배는 일본 것과 같은가, 담뱃대는 자기로 되어 있나 금속재인가, 혼례는 어떤 식으로 올리나, 하는 식이었다. 막부의 중추에 있는 사람들의 수준이 고작 이 정도인가 하고 고다유는 적잖이 실망했을 것이다.

물론 그들이 그런 한심한 질문만 던진 것은 아니었다. 예컨대, 러시아의 위협에 대한 질문도 있었다.

"국내에서의 소란한 상황이나 러시아가 관여하고 있는 전쟁 같은 것은 없었나?"

"그런 것은 전혀 들은 바가 없습니다. 워낙 품성이 곱고 느긋한 사람들이라서 전쟁을 일으킨다는 것은 상상할 수도 없습니다. 다른 나라의 틈을 엿본다거나 다른 나라를 경계하는 모습도 전혀 보지 못했습니다."

고다유는 러시아가 터키와 전쟁했던 사실을 숨겼다.

"군사 훈련은 하고 있나?"

"총술 훈련은 보았는데 발 움직이는 연습만 했습니다. 칼은 무뎌서 전혀 잘리지 않습니다."

"러시아의 형벌에는 어떤 것이 있나?"

"형벌에 사형은 없습니다. 코를 베는 것이 가장 끔찍한 형벌로, 사람을 죽인 자도 죽이지는 않습니다."

도량형, 즉 자나 저울에 관한 질문에는 일본과의 단위 차이를 설명한 뒤 이렇게 덧붙였다.

"술을 사는 사람은 자신이 직접 푸고, 양에 맞는 값을 대충 계산해 동전을 놓고 갑니다."

만년의 고다유 — 러시아의 첩자로 끊임없이 의심받다

고다유가 보고하는 러시아는 그의 말을 그대로 믿는다면 마치 이상향 같았다. 군사적 위협을 하지 않는, 인륜에 의한 통치가 이루어지는 나라라는 인상을 갖게 한 것이다. 고다유가 개인적으로 은혜를 입은 사람들로부터 부탁받은 러시아 홍보의 흔적이 힐끗 엿보이는 순간이다. 그러나 꼭 그런 부탁 때문만은 아니었을 것이다. 유럽을 향해 문이 활짝 열려 있고, 계몽군주의 통치로 번영한 러시아를 직접 보고 경험한 고다유에게 일본의 쇄국정책은 진부하고 크게 뒤떨어진 통치로 인식되었을 것이다. 일본은 러시아로부터 배울 점이 있다. 그

나라와 우호를 맺는 게 좋다. 그런 생각에서 나온 정보 선택임에 틀림없다.

마쓰다히라 사다노부는 고다유에게 예리한 질문을 던졌다.

"귀국에 대한 결정을 통보받았을 때 그들이 달리 덧붙인 말은 없었나?"

고다유가 혹시 러시아의 첩자가 아닐까 하는 의심을 버리지 못한 것이다.

일본의 최고 책임자에 해당하는 러시아 정부의 관리가 제게 이렇게 말했습니다. '많은 나라들이 러시아와 교역을 하고 있는데 일본만 국교가 없기 때문에 이번에 당신을 돌려보낸다. 이 일을 계기로 일본과 교역을 체결하고 싶다. 그렇지만 절대 무리는 하지 않을 것이다.' 이것은 황제가 한 말이 아닙니다. 그 관리가 독단적으로 제게 한 말이라고 생각됩니다.

고다유는 교묘하게 말을 골라서 했다.

기독교로 개종할 때의 모습을 상세히 들은 뒤 사다노부는 이렇게 물었다.

"그 종교를 갖지 않으면 그런 의식을 볼 수 없을 텐데?"

고다유는 침착하게 대답했다.

"우리 같은 외국인은 제도 밖에 있기 때문에 어딜 가서 무엇을 보든지 그것을 나무라거나 비난하는 사람은 없습니다. 개종 의식도 편한 마음으로 지켜볼 수 있었습니다."

양국의 우호를 증진하는 데 도움이 되지 않는 말은 단 한 마디도 하지 않고, 들통 날 거짓말도 전혀 하지 않고, 러시아의 앞잡이라 여길 만한 말은 반드시 피해 가야 하는 그 좁고 기다란 담 위를 고다유는 무사히 걸어서 통과했다.

심문이 끝난 뒤 마쓰다히라 사다노부는 평소와 다르게 아주 기분이 좋은 듯 "고다유는 달변이야. 재치 있게 말을 하는군! 저 정도의 기량이라면 러시아어 통역을 시켜도 좋겠어!" 하고 다른 심문관에게 말했다고 한다. 사실 고다유도 일본 측 통역으로서 러시아와의 교역에 기여하고 싶었지만 그 기회는 영원히 오지 않았다. 러시아와의 교역을 생각했던 마쓰다히라 사나노부가 실각하고 막부는 쇄국정책을 엄수하는 쪽으로 키를 돌렸다.

이후의 고다유에 대해서는 러시아 정보가 세간에 퍼질 것을 두려워한 막부로 인해 고이시키와의 약초원 내에 마련해 준 집에서 새장에 갇힌 새처럼 지냈다는 것이 통설이다. 그러나 표류기 연구자인 야마시타 쓰네오의 신자료 발굴과 연구로 그가 오히려 평온한 서민생활을 보냈다는 것이 밝혀진 바 있다. 에도의 문인, 학자들과 교류하면서 막부의 명으로 네덜란드어 통역과 덴몬카타_{에도 막부에 의해 설치된 과학 연구기관}에서 러시아어 기초를 가르쳤다고 한다.

고다유는 에도에서 젊은 여성을 아내로 맞았고, 또 다른 여성과의 사이에서 슬하에 1남 1녀를 두었다. 그는 78세까지 장수를 누렸는데, 러일화친조약1855년, 러일수호통상조약1858년의 체결은 그가 죽고도 30년이 더 지난 뒤에야 이루어졌다.

교훈

- 때로는 잘 준비된 문서가 유려한 말보다 효과적일 때가 있다. 치밀하게 준비된 문서로 상대의 마음을 움직여라!
- 평소 꼼꼼하고 치밀한 메모가 당신의 프레젠테이션을 완벽하게 만든다!
- 인간적인 매력을 이길 무기는 없다. 인간적인 매력으로 상대를 사로잡아라!

에필로그

역사와 **비즈니스**를 종횡무진 넘나들며
통찰력을 전수받다!

'거기에는 분명 훌륭한 프레젠테이션이 있었을 거야!' 이 책은 그런 나의 기대에 찬 생각의 씨앗으로부터 싹이 트고, 줄기와 잎이 자라고, 『역사를 움직인 프레젠테이션』이라는 열매로 만들어졌다. 그리고 나의 기대와 예상대로 거기에는 눈이 번쩍 뜨일 만큼 신선하고 맛있는 프레젠테이션이라는 열매가 있었다. 네 편의 프레젠테이션은 상대의 마음을 뒤흔들었고 역사를 움직였다.

'그 힘을 분석해 보고 싶다'라는 생각에서 콜럼버스부터 조사를 시작했는데, 처음에는 감도 안 오고 너무도 막막하여 완전히 지쳐 버렸다. 알면 알수록 모르는 것들이 늘어나 머리를 감싸 쥘 때가 많았다.

그러던 어느 날 그가 스페인의 이사벨 여왕에게 요구한 상상을 초월할 만큼 어마어마한 성공 보수에 하도 놀랍고 어이가 없어서 "이봐요, 콜럼버스 씨! 너무 턱없이 불렀네요." 하는 말이 저절로 내 입에서 튀어나왔다. 신기하게도 그때부터 봇물 터지듯 말, 아니 글이 쏟아져 나와 이 책을 완성할 수 있게 되었다.

이건 나의 개인적인 습관인데, 역사상 인물이나 대문호라고 불리는 위인들에게 '~씨, ~군' 하고 불러 보곤 한다. 오쿠보 도시미치19세기 말 메이지 시대에 활약했던 정치가 — 옮긴이의 경우는 보통 부르는 식으로 쇼스케 군. 나쓰메 소세키는 본명이 나쓰메 긴노스케니까 '나쓰메의 긴 짱' 하고 불러 본다. 그러면 상대와의 거리감이 확 좁혀지고 매우 친숙하게 느껴진다. 중학교 동창 중에 그가 있었다면 친구가 될 수 있을까? 그런 눈으로 그 인물을 보는 것이다. 세상 사람들에 의해 너무 위대해진 인물들과 가까워지려면 그렇게 해서 선입관을 떨쳐 내는 의식을 치르고 나야 배울 수 있는 것도 많아지지 않을까. 콜럼버스를 "콜럼버스 씨!" 하고 부르면 마치 프레젠테이션을 준비하는 나의 동료를 부르는 듯한 기분이 든다.

고다유도 "고다유 씨, 고짱" 하고 불렀다. 맨 처음 고다유의 귀국에 대해서는 그가 여제에게 호소한 망향의 그리움이 운명의 문을 열었을 거라 생각하고, 그 부분을 구체적으로 어떻게 프레젠테이션 했을지 살펴볼 수 있기를 기대하면서 조사를 시작했는데, 사실은 문서에 의한 프레젠테이션이었다. 탄원과 같은 프레젠테이션만으로는 성공

할 수 없다는 것을 배웠다.

　이 책에 등장하는 위대한 프레젠테이터 4명은 저마다 매우 개성이 풍부하고 매력적이었다. 그들이 펼친 프레젠테이션에 대한 글을 쓰면서 광고 업계에서 함께 일했던 몇 사람의 얼굴이 떠올랐다. 우리를 단련시켜 준 벅찬 상대였던 클라이언트의 얼굴도 불현듯 생각났다. 역사뿐 아니라 비즈니스 세계를 자유롭게 오가며 쓸 수 있었던 것은 모두가 그들 덕분이다.